Rainer C. Barzel wurde am 20. Juni 1924 in Braunsberg/Ostpreußen als Sohn eines Oberstudienrats geboren und wuchs vorwiegend in Berlin auf. Nach dem Besuch des humanistischen Gymnasiums nahm er als Leutnant der Seefliegerei am Zweiten Weltkrieg teil. Nach 1945 studierte er Rechtswissenschaft und Volkswirtschaft in Köln und promovierte 1949 zum Dr. jur. Im gleichen Jahr trat Barzel in den Dienst der Regierung von Nordrhein-Westfalen. 1956 wurde er geschäftsführendes Mitglied des Landespräsidiums der CDU in Nordrhein-Westfalen, seit 1957 gehört er dem Bundestag an, 1960 wurde er Mitglied des Bundesvorstands der CDU. Als Minister für Gesamtdeutsche Fragen gehörte er von 1962–63 zum fünften Kabinett Adenauers. Von 1963–64 bekleidete er das Amt des Stellvertretenden Fraktionsvorsitzenden und ab 1964 das des Fraktionsvorsitzenden der CDU/CSU im Bundestag. Im Oktober 1971 wurde Barzel zum Bundesvorsitzenden und Kanzlerkandidaten der CDU gewählt. Im Mai 1973 – vorausgegangen waren das mißglückte Mißtrauensvotum gegen Brandt, die Bundestagsneuwahl vom November 1972 und die erneute Wahl Barzels zum Fraktionsvorsitzenden – legte er überraschend beide Vorsitzendenämter nieder. Seit Herbst 1975 nimmt Barzel als Mitglied der von Kohl und Strauß vereinbarten »Führungsmannschaft« der CDU/CSU verstärkt Einfluß auf die Partei.
Rainer Barzel hat sich auch durch mehrere Bücher einen Namen gemacht. Bei Droemer Knaur erschienen bereits »Es ist noch nicht zu spät« (auch als Knaur-Taschenbuch 3480), »Gesichtspunkte eines Deutschen« (Knaur-Taschenbuch 3592) und »Auf dem Drahtseil«, in denen er sich kritisch mit wichtigen politischen Fragen der Gegenwart auseinandersetzt.

Vollständige Taschenbuchausgabe
© 1976 Droemersche Verlagsanstalt Th. Knaur Nachf.
München/Zürich
Umschlaggestaltung Franz Wöllzenmüller
Umschlagfoto dpa
Satz Welsermühl, Wels
Druck und Bindung Mohndruck, Gütersloh
Printed in Germany
ISBN 3-426-03480-8

 1.–18. Tausend März 1977
19.–24. Tausend April 1977
25.–27. Tausend Oktober 1979

Rainer Barzel:
Es ist noch nicht zu spät

Droemer Knaur

Inhalt

Vorwort 7

1. Unterwegs 9

2. Freiheit ist teurer als Geld 31

3. In zehn Jahren marxistisch? 43

    Angst und Sorge · Grauzonen
    Demokratischer Kommunismus?
    Volksfront-Europa? · Bilanz
    Sie sollen nach Berlin kommen

4. Strategie der Freiheit 93

    Recht · Gesellschaftspolitik
    Wirtschaft · Deutschland
    Europa · Entspannung

5. In die neue Wirklichkeit 183

Vorwort

»Ein Gespenst geht um in Europa – das Gespenst des Kommunismus.« Mit diesem Satz begannen 1848 Karl Marx und Friedrich Engels ihr revolutionäres »Kommunistisches Manifest«.
Heute ist der Kommunismus kein Gespenst mehr. Viele Europäer leiden unter seinen Zwängen, andere wollen dieses »Paradies« erleben, die ganz große Mehrheit fürchtet sich davor.
Währenddessen geistern Verzweiflung und bange Sorge durch Europa – mehr durch die Salons und die »Beletage« erster Adressen als durch die Kneipen und die Straßen: Wie lange haben wir noch? Hat Freiheit Zukunft? Ist es schon zu spät? Ist in zehn Jahren alles marxistisch?
Auf diese Lebensfrage wage ich eine Antwort. Ich gebe sie in diesem Buch und – nach Kräften – durch mein politisches Leben. So gehört beides zusammen: diese Frage und diese Antwort; dieses Buch und meine Politik. Ich verantworte die Antwort.
Deshalb füge ich Erlebtes als Belege und Beweise aus Erfahrung hinzu und gebe Einblicke und Rechenschaft. So entstand ein sehr persönliches politisches Buch – keine Autobiographie, kein reines Sachbuch. Das Buch eines Politikers über ein Thema, das sehr weitgehend sein Leben ausfüllt.

1. Unterwegs

Unterwegs nach Braunsberg erreichten wir Stettin. Uns knurrte der Magen, und die Gelenke waren steif von der langen Autofahrt. Im Hotel Orbis Continental ging ich zum Oberkellner in den Speisesaal und bat um einen Tisch für vier Personen, um zu essen. »Sind Sie von einer Delegation?« fragte er zurück. »Nein, aber wir sind gerade von weither angereist und sehr hungrig«, antwortete ich. »Es tut mir leid«, beschied mich der freundliche Herr im Smoking, »alles ist reserviert.« Ich sah, offenbar sehnsüchtig und fragend, auf eine festlich und opulent gedeckte Tafel für zwölf Personen – Gläser, Teller, Blumen, Bestecke und Knabbereien luden so köstlich ein. Diese stumme Frage verstand der Herr Oberkellner nur zu gut. Er schüttelte den Kopf und sagte: »Mein Herr, diesen Tisch können Sie leider nicht bekommen. Er ist vorbereitet. Herr Barzel kommt.« Ich stellte mich vor, wir lachten, und ich bekam den ersten Wyborowa-Wodka. Man hatte es sich nicht anders vorstellen können, als daß ich mit Troß und Gefolge reiste.
Unterwegs zu sein ist wohl mein Schicksal. Ich bin immer schon »da«, bevor ich ankomme – und erst wenn ich ankomme, bin ich wirklich da.
So reisten wir – meine Frau, meine Tochter Claudia und Herr Heiliger – zu meinem fünfzigsten Geburtstag (1974) in meine ostpreußische Heimat; nach Braunsberg/Braniewo

im Ermland, meinem Geburtsort, und nach Masuren, der Heimat meiner Eltern.
Immer schon hatte ich meiner Frau und meiner Tochter Ostpreußen zeigen wollen. Nun ging es – ohne Sonderrechte.
Ich wollte diesen Geburtstag nicht in Bonn verbringen, weil ich mit manchem noch nicht fertig war; weil ich vielleicht wegen der Erfahrungen im Zusammenhang mit meinem Rücktritt Gesten und Worte für falsch, Glückwünsche für unaufrichtig und selbst Gutgemeintes für Böses um die Ecke gehalten hätte. Es hatte sehr scherzhaft geklungen, oft Beifallsorkane ausgelöst, wenn ich in öffentlichen Versammlungen auf die häufige Frage nach meinen Plänen geantwortet hatte:
»Sehen Sie: Ich bin in der Lage eines Mannes, den seine Freunde gebeten haben, bei der Olympiade im 100-Meter-Lauf zu starten und zu gewinnen. Nachdem ich Training und Vorentscheidungen gut überstanden hatte, ging es zum Endlauf. Ich kam gut vom Start weg. Ich lag mit Brustbreite vorn, vor meinem härtesten Konkurrenten. Dann plötzlich drei Schüsse von hinten ins Knie! Aus ... Das Knie muß erst verheilen, dann muß ich stehen, gehen, laufen lernen und üben, üben, üben ...«
Das klang nur wie ein Scherz.

Auf dieser Reise in die Vergangenheit hatten wir Zeit für Gespräche und noch mehr für Gedanken. Mir wurde vieles klarer. So wurde diese Reise zu einem neuen Aufbruch.
Das trostlose Braniewo liegt nur geographisch, wo einst das mittelalterliche, lebendige Braunsberg als Zentrum des Ermlandes Kraft ausstrahlte. Rehe hausten in den Trümmern meiner Taufkirche. Anderes war neu und fremd. Ma-

suren aber war »so zärtlich« wie »Suleyken«, was man bei Siegfried Lenz nachlesen kann.
Hier in Ostpreußen bin ich geboren, und mit acht Jahren kam ich nach Berlin, 1932. Ich erinnere mich an die ersten Rolltreppen und S-Bahnen wie an Streikposten, Schlägereien und umgestürzte Straßenbahnen. Meine Klassenkameraden schüttelten den Kopf über meine breite Sprache, und ich verstand kaum die Hälfte, wenn sie so schnell und so keß im Dialekt redeten.
So war ich zu Anfang manchmal allein auf dem Schulhof in der Steglitzer Plantagenstraße.
Allein war ich auch eines Nachmittags im Frühjahr 1933, als gestiefelte Männer in braunen Hemden und mit roten Armbinden auf diesem Schulhof Bücher und eine Fahne mit den Farben Schwarz-Rot-Gold verbrannten. Ich fragte zu Hause meine Mutter, was das bedeute. Sie hielt mit nichts hinter dem Berg: Das seien SA-Männer. Sie hätten jetzt zu sagen. Eine neue Zeit beginne. Es könne schlimm werden. »Geh denen aus dem Wege!«
Die Gruppe des Bundes »Neudeutschland« – katholisch und jugendbewegt, grüne Hemden und schwarze Hosen –, zu der ich bald gehörte, ging »auf Fahrt«, also zum gemeinsamen Wandern im Grünen; später auch zum »Zelten«. Wir trafen die Hitler-Jungen mit den braunen Hemden. Wenn ich die Farbe sah und die roten Binden am Arm, sah ich immer auch brennende Bücher und die verbrennende Fahne. Es kam zu Prügeleien. Ich, ein »Knirps«, war so heftig dabei, wie ich nur konnte.
Dann wurden wir als »staatsgefährdend« verboten. Die Braunhemden hatten auch über uns gesiegt: aber nicht direkt und nicht von vorne! Doch hatten sie nicht ganz gesiegt: Wir trafen uns weiter als Freunde, nicht nur zum Fußballspiel.

Die Olympiade (1936) brachte Jubel und Ausländer; der Krieg Bomben und gelbe Sterne für jüdische Jungen, mit denen wir bis dahin Fußball gespielt hatten. Nun kamen sie nicht mehr; zuerst aus Furcht, dann waren sie wohl nicht mehr da.
Im Herbst 1940 fielen während des Bombenalarms Brandbomben auf die Häuser, auch auf die Neue Kantstraße in Charlottenburg, wo wir in Nummer eins wohnten. Wir hatten Glück gehabt. Vor Nummer drei sah es schlimmer aus. Ich sah ein Mädchen in der brandhellen Nacht mit einem Eimer voll Sand beim Löschen. Erfahrung aus Köln! Bald gingen wir zusammen in die Tanzstunde. Seit achtundzwanzig Jahren sind wir verheiratet.
So wie 1938 ein Jugendaustausch mit einer französischen Familie verboten wurde, so waren englische Musik, Jazz-Schallplatten verboten und das Abhören ausländischer Sender. Es gab keine Zeitungen von draußen. Nur eine Meinung gab es. Und Propaganda. Und Hetze.
Im Sommer 1938 suchte uns beim gemeinsamen Aufenthalt des alten Freundeskreises die Gestapo heim. Ich wurde verhört – zum ersten und zum einzigen Mal. Unser älterer Freund war Pater Bruno Schmidt S. J. Er wurde bald verhaftet, verurteilt und ins KZ gesperrt. Als entschiedener Leutnant der Seeflieger, der von der Front kam, besuchte ich ihn 1943 im Moabiter Gefängnis. Er war zum Bild des Jammers abgehärmt und abgemagert. Nur um kurze Zeit hat er Hitler überlebt.

In diesen Erfahrungen liegt das Motiv für einen wesentlichen Punkt meiner politischen Überzeugung: Krieg ist nur möglich, wo Volksverhetzung möglich ist. Wer Frieden sichern will, muß Volksverhetzung unmöglich machen. Man muß also Grenzen aufmachen – in beide Richtungen – und

für Menschen, Informationen und Meinungen Freizügigkeit herstellen. Gedankenfreiheit!
»Bei Freizügigkeit, bei europäischem Volksgruppenrecht, bei Abbau aller Diskriminierungen nach Herkunft, Stand, Religion und Meinung überall in Europa erschienen Grenzfragen in einem anderen Licht.« So hatte ich am 29. Oktober 1969 als Oppositionsführer im Deutschen Bundestag gesprochen. Und ich hatte – leider vergeblich – Willy Brandt aufgefordert, »allen Ländern Europas den Entwurf einer Charta der Freizügigkeit, des Volksgruppenrechts und der Nichtdiskriminierung vorzulegen«. Als Brandt dann Gefahr lief, Grenzverträge statt Gewaltverzichte abzuschließen, habe ich mein Konzept verdeutlicht: »Wir brauchen doch in Europa zumindest Ansätze, welche die Verhärtung überwinden und die Zusammenarbeit stärken. Wir brauchen Bemühungen um Abbau von Rüstung auf allen Seiten. Wir brauchen, daß in ganz Europa die Grenzen offener werden; die Freizügigkeit muß stärker werden, die Informationsmöglichkeiten für alle müssen besser, der Austausch der Meinungen sowie die Begegnungen der Menschen müssen reger werden. Es müssen überall in Europa Möglichkeiten des Schutzes von Minderheiten geschaffen, es müssen Diskriminierungen von Menschen nach Religion und Nation und Sprache und Meinung gemildert und dann überwunden werden... Grenzfragen werden nur lösbar, wenn Grenzen offener, Freizügigkeit besser und Minderheiten geschützt werden.«
Herbert Wehner, dieser ebenso einzigartige wie undurchsichtige Kollege, hatte mir ein im Protokoll des Deutschen Bundestages nicht vermerktes »Blödsinn« zugerufen, als ich die zitierten Sätze am 25. Februar 1970 in einer leidenschaftlichen Debatte aussprach. Ich habe Anlaß anzunehmen, daß er später nachdenklicher wurde. Es gelang nämlich – der

Opposition gelang das! –, dieses Konzept einer menschlichen, realen Friedenspolitik zur verbindlichen Leitlinie der Politik des Atlantischen Bündnisses zu machen. Der Nordatlantikrat, also die Minister aus den 15 Mitgliedsländern der NATO, veröffentlichte über seine Beratungen am 26. und 27. Mai 1970 in Rom ein Kommuniqué, in dem es hieß:

»16. Zu den zu erkundenden Themen, die die Sicherheit und Zusammenarbeit in Europa berühren, gehören insbesondere:
a) die Grundsätze, die für die Beziehungen zwischen Staaten maßgebend sein sollten, einschließlich des Gewaltverzichts;
b) die Entwicklung der internationalen Beziehungen mit dem Ziel, zu einer größeren Freizügigkeit für Menschen, Ideen und Informationen sowie zur Förderung der Zusammenarbeit im kulturellen, wirtschaftlichen, technischen und wissenschaftlichen Bereich und auf dem Gebiet der menschlichen Umwelt beizutragen.«

Die NATO hatte sich diese Freizügigkeitspolitik zu eigen gemacht und sie mit Geschick und Geduld bis in die Schlußakte der Konferenz von Helsinki (1975) gebracht.
Vier Jahre nach diesem Beginn war ich nun im Ermland. Und ich erfuhr, wie ansteckend Humanität und Freizügigkeit sind: Tausende Deutsche besuchten ihre Heimat. Die Polen, die jetzt dort leben, nahmen sie freundlich auf. Die meisten dieser Polen sind ihrerseits vertrieben worden: Aus ihrer ostpolnischen Heimat, in der jetzt Russen leben. Und so gingen und gehen diese Polen zu ihren Behörden und bitten: Laßt uns, wie die Deutschen hierher, nun in unsere Heimat reisen, nach Wilna und nach Lemberg, und dort, wo jetzt Russen leben, unsere Gräber besuchen. Wie es heißt, wurde diesem Drängen schon nachgegeben.
Diese Freizügigkeit ist der DDR unangenehm wie die Aus-

siedlung Deutscher aus Polen. Warum können die, was wir nicht dürfen? So fragen sich Deutsche in Leipzig.
Es ist wie mit dem Stein, den man ins Wasser wirft: Manchmal geht er nur unter, manchmal bewirkt er Wellen, und man weiß nicht, wie hoch, wie lange, wohin sie schlagen.

Alles dies ging mir im Juni 1974 in Masuren beim Spaziergang über den Besitz meiner Großeltern durch den Kopf, und ich empfand: Die Jahre deines politischen Engagements waren nicht vergeblich.
Dieses Engagement war mir eigentlich ganz selbstverständlich. Ich hatte als Schüler nebenher Bismarck, Machiavelli und Augustinus gelesen. Ich hatte unter dem Zwiespalt gelitten, als Soldat draußen für das Vaterland tapfer zu sein und im Vaterland Freunde im KZ zu wissen; andere mit gelbem Stern zu sehen; den ängstlichen Blick über die Schulter vor jedem freien Wort. Ich hatte mich auch in Briefen an meine Braut damit auseinandergesetzt. Aber immer war ich auf der Bahn der Pflicht – nicht immer mit mir selbst ganz im reinen.
Nach dem Kriege kam ich nach Köln. Was war – Diktatur und Krieg –, darf nie wieder sein! Das war mein Leitmotiv.
Freiheit war ungewohnt wie das Studium. Politische Leidenschaft brach durch. Ich ging 1945 in die erste CDU-Versammlung in Köln-Mauenheim, hörte Herrn Schaeven und fragte ihn in der Diskussion – das alles kannten wir nicht – wohl eher ungezogen als kritisch: »Woher nehmen Sie den Mut, so zu reden, wo doch Sie und Ihre Generation die Weimarer Republik verspielt und so Hitler und Krieg und das Schicksal meiner Generation verschuldet haben?« Ich erinnere mich nicht mehr, was Herr Schaeven – eine Straße in Köln ist mit Recht nach ihm benannt – im einzelnen antwortete. Mir klingt etwas im Ohr wie: Besser machen!

Mitmachen! Chancen ergreifen! Weiter Pflicht tun – nicht nur im Krieg!
Bei meiner Jungfernrede im Bundestag im Jahre 1958 klang dieses Motiv noch einmal durch. »Hitler ist in Weimar geboren worden«, sagte ich. Es gab viel Protest älterer Kolleginnen und Kollegen, und viele Hindernisse wurden gegen mich errichtet. Von einem nicht: Von Konrad Adenauer.
Noch als Student hatte ich Briefe an Konrad Adenauer geschrieben und Antworten erhalten. Vor allem aber war ich dem damaligen Zentrumspolitiker Karl Spiecker und später dem Ministerpräsidenten Karl Arnold nahegekommen. Über Karl Arnold, diesen väterlichen Freund, habe ich ein Buch geschrieben. Ich will nichts wiederholen.
Karl Spiecker war ein führender Zentrumspolitiker in der Weimarer Zeit. Er hatte nach dem Ersten Weltkrieg in Oberschlesien den politischen Kampf für Deutschland organisiert und unter persönlichen Gefahren mit Erfolg geführt. Als Reichspressechef war er dann öffentlich hervorgetreten. Er war einer der Gründer des »Reichsbanner« und scheute sich nicht, den Auftrag anzunehmen, Reichsbeauftragter zur Bekämpfung des Nationalsozialismus zu werden. Hitler haßte ihn, bürgerte ihn sofort aus, verfolgte ihn. Auf abenteuerlichen Wegen gelang ihm die Flucht.
Karl Spiecker war mein Lehrmeister. Ich lernte Akten zu bearbeiten, Vortrag zu halten, Entwürfe, Notizen und Vermerke zu schreiben; nicht zwei Sachen auf ein Papier zu bringen; Rand für Notizen zu lassen; mit Journalisten umzugehen; vorauszuplanen; Wesentliches vom Unwesentlichen zu unterscheiden; kurz und präzise zu sein; Ereignisse politisch zu würdigen.
Und ich lernte, eine Verwaltung als Instrument für die Führung zu nutzen. Ich lernte Kollegialität und Diskussion. Ich erfuhr, was rote und grüne Kreuze, doppelte wie einfache,

auf »Vorgängen« bedeuten und welche praktischen Wirkungen Geschäftsordnungen, Verwaltungsvorschriften, Tageskopien und Verwaltungsverfügungen haben.
Um acht Uhr dreißig begann der Dienst in den Büros des Bevollmächtigten des Landes Nordrhein-Westfalen im obersten Stockwerk der Frankfurter Börse. Um acht Uhr fünfzehn aber war bereits »Postbesprechung«, die tägliche Konferenz des »Höheren Dienstes« mit dem Minister, der um acht Uhr erschien und erwartete, einen trotz der politischen Abendveranstaltung frischen Persönlichen Referenten vorzufinden, der vortrug, was anlag.
So habe ich arbeiten gelernt. Und ich habe immer Arbeit angezogen. Nie bin ich ihr ausgewichen.
Meine erste ministerielle Arbeit: Der Rechnungshof hatte etwas beanstandet. Ich bekam den »Vorgang«, also das ganze Aktenbündel, und mußte den Entwurf für die Antwort vorlegen. Die Sache war heikel. Ich konzipierte den Entwurf. Der Minister schrieb – in Grün, wie es sich gehört – »b. u. R.« auf das Konzept. Das hieß: Bitte um Rücksprache. Bei dieser sagte Karl Spiecker, das müsse man anders machen. Er bat Fräulein Kurzer zum Diktat und diktierte als Antwort: »Wird künftig beachtet.«
Ich lernte mehr: Karl Spiecker kamen nun die Erfahrungen der Emigration und die Verbindungen im Ausland zunutze. Uns allen kamen sie zunutze! Wir kämpften mit allen Tricks gegen alliierte Demontagelisten und knüpften über die Männer der Besatzung hinweg neue Beziehungen im In- und im Ausland.
Wenn ich an Karl Spiecker denke, empfinde ich ein Vermächtnis von Leidenschaft, Sachlichkeit und Toleranz; dann denke ich an Europa, an sozialen Fortschritt und an Ausgleich mit dem Osten.
Karl Spiecker hatte mit Karl Arnold Zentrum und CDU zu-

sammengeführt. Die erste Bundestagswahl warf ihre Schatten voraus. Er war der erste Mann der Republik gewesen, als er dem Exekutivrat der Bizone in Frankfurt vorsaß. Er ließ mich nicht nur über die Schulter gucken. Er forderte mich und zwang mich zu besserer Leistung.
Ein Journalist hat ihn später als meinen Onkel bezeichnet. Das stimmt nicht. Aber das hält sich hartnäckig in den Archiven und wird von Porträt zu Porträt weitergereicht.
Ein Herzinfarkt nahm Karl Spiecker 1949 die halbe Kraft. Er übernahm noch für Konrad Adenauer, dem er kritisch gegenüberstand, die Goodwillreise nach Südamerika; gestaltete die Geschäftsordnungen des Bundesrates zusammen mit seinem Freund Geheimrat Katzenberger und wirkte vielfach ein auf die Ausgestaltung der neuen Republik.
Einmal erzählte Karl Spiecker: Er sei als Emigrant in Paris eingetroffen. Dort habe er andere Emigranten getroffen: Russen für den Zaren und gegen den Zaren, für Trotzki und gegen Stalin und Menschen mit ähnlichem Schicksal aus Spanien, Italien und vielen Ländern. Die meisten hätten sich nicht eingerichtet, hätten möbliert gewohnt, aus Koffern gelebt, keine wirtschaftliche Existenz gesucht oder begründet; sie hätten sich auf Durchreise eingestellt und jeden Tag auf Abruf zur Rückkehr in ihre Heimat gehofft.
»Packen Sie immer und auf allen Stationen die Koffer aus«, riet Spiecker mir, »denn nur, wer sich in einer Station einrichtet, wird die nächste erreichen.«
Unterwegs sein.

Ehe ich mich versah, war ich selber aus der Kulisse auf die Bühne getreten. Was ich gelernt hatte, reichte aus. Ich gab die Arbeit als Ministerialrat auf und übernahm nach Karl Arnolds Sturz als Ministerpräsident für ihn die Geschäftsführung der CDU in Nordrhein-Westfalen. Dann wurde ich

Abgeordneter, Minister, Fraktionsvorsitzender, Parteivorsitzender, Kanzlerkandidat. Konrad Adenauer schrieb mir im Herbst 1966: »Ich möchte, daß Sie Bundeskanzler werden.« Ludwig Erhard übergab mir im Herbst 1972 öffentlich und feierlich sein Buch mit dem Bemerken: Es möge mir gelingen, im Geiste der Sozialen Marktwirtschaft unserem Volke in allen Lebenslagen die Freiheit zu wahren. Ich war »Mann des Jahres« im STERN und, Herr Augstein wird das nicht bestreiten, Buhmann für ein Jahrzehnt im SPIEGEL.
Zehn Jahre Führung sind in einer parlamentarischen Demokratie eine lange Zeit.
Steil und stetig ging es bergauf. Es ging kurz und heftig bergab. Und erst dabei fiel mir diese Weisheit wieder ein: Du siehst alle Leute zweimal: einmal beim Aufstieg und einmal beim Abstieg.
Natürlich habe ich einiges falsch gemacht. Manches würde ich nie wieder so tun – pardon: *nicht* wieder so tun; denn *nie*, das ist unpolitisch. Und indem ich das einräume, bekenne ich, auch künftig nicht ohne Fehler zu sein. Aus dem zeitlichen Abstand und bei kritischer Besinnung finde ich keinen Fehler im Gehalt oder in der Richtung meiner Politik, wohl aber einiges im Stil wie aus persönlichem Sturm und Drang.
Man ist unterwegs vom Erfolg zum Scheitern und vom Scheitern zum Erfolg; vom Bösen zum Guten, vom Schönen zum Häßlichen, von der Lüge zur Wahrheit und umgekehrt und wieder zurück. Oft weiß man erst später, wann das Schöne, das Gute, das Wahre wirklich bei einem Rast gemacht haben; was wirklich Erfolg und was Scheitern, was Triumph und was Demütigung war.
Es war ganz und gar wahr, als ich am 9. Mai 1972 im Ringen um die Verträge in die Fernsehkamera zu Herrn Ruge sagte:

»Ich schaue nicht mehr durch.« Es war ebenso wahr, daß ich Zeit gewinnen wollte. Viele hielten das für sympathisch, andere für schlapp. Der Schein bestimmt das Urteil anderer. Wie sollen die Betrachter »durchschauen« und die Wahrheit kennen?
Natürlich ist es schön, populär zu sein, Publizität zu haben, nach Reden gefeiert zu werden. Aber natürlich ist das zugleich schrecklich, auch Zwang und Fron.
Wenn man den Preis kennt – und das lernt man erst unterwegs –, geht man mit leichterem Gepäck. Dann stellt Gelassenheit sich ein.
Unterwegs wird die Ferne des Zieles und die Beschwerlichkeit des Weges klarer als vor dem Aufbruch. Und manche Wege erweisen sich als unbegehbar wie manche Ziele als zu anspruchsvoll oder doch nicht erstrebenswert. Manches erreicht man nicht, weil der Weg die Kräfte verbraucht; weil auch andere unterwegs sind.
Alle sind unterwegs. Wege kreuzen sich, stören einander. Der eine rastet, während der andere rennt. Man begegnet sich. Man ist nicht allein unterwegs. Man ist mit anderen, der Politiker auch für andere, unterwegs.

Wir hatten die Bundestagswahl 1972 nicht gewonnen. Es war zu Spannungen und Konflikten gekommen. In einer wesentlichen Frage überstimmte mich die Mehrheit. Ich zog die Konsequenz, wie es einem Demokraten zukommt. Ämter hat man auf Zeit und solange die Mehrheit das will.
Im Mai 1973 trat ich von allen Ämtern zurück und blieb der Abgeordnete von Paderborn und Wiedenbrück. In meinem Wahlkreis haben wir einander »Treue um Treue« versprochen und nach guter Westfalenart auch eingehalten.
Ich hatte das Gefühl: Du brauchst eine schöpferische Pause!

Du mußt dich neu umsehen; lesen, reisen, mit anderen Leuten über anderes reden; nachdenken, aus Fehlern lernen; Ungeduld ablegen, gütiger werden. Ich blieb der politischen Verantwortung treu und lief meinen Wählern nicht davon. Ob dies gelang?
Man ist immer unterwegs. Solange man weiß, woher und wohin, ist alles gut. Und wenn man auf diese Weise der geworden ist, der in einem steckt, auf den man angelegt ist, der man werden soll, dann, erst dann, ist man am Ende des Weges. Und das ist keine Frage der Jahre.
Manche meinen, man müsse eigene Fehler nicht nur erkennen, sondern auch öffentlich bekennen. Ich halte nichts von öffentlicher Selbstkritik und Beichte. Solche Plakate bringen nichts. Besser ist: sich den, um den es geht, genau ansehen. Ansehen nicht durch verschmierte Gläser verbrauchter Klischees!
Der Entschluß zum Rücktritt fiel leichter als die Zeit danach. Die anstrengende Hitze des Aufstiegs ist leichter als die fröstelnde Einsamkeit des Abstiegs.
Politische Führung, die ich so lange Jahre erstrebt, erkämpft und ausgeübt hatte, wird Lebensinhalt. Sie beansprucht rund um die Uhr – werktags wie sonntags. Nie ist man allein: Sicherheitsbeamte, Bürger, Wähler, Kameras, Kollegen, Journalisten, Akten, Telefone, Mitarbeiter – irgendwer oder irgend etwas ist immer um einen. Und kommt es einmal zu ruhigerem Durchatmen, dann treten die Sorgen und Probleme plastischer hervor und rücken hautnah heran. Verantwortung lastet.
Nun war es – plötzlich, von einem Moment auf den anderen – still um mich. Niemand wollte mehr etwas. Ich käme mir vor wie eine ausgepreßte Zitrone, schrieb Walter Henkels. Damals traf das Berliner Bonmot ganz und gar auf mich zu: »Geh in dir, Mensch!« – »War ich schon. Auch nichts los.«

Kein Telefon, keine Mitarbeiter, keine Kameras, kaum Kollegen ... Stille und Leere. Ganz plötzlich. Und ebenso plötzlich merkte ich, auf eine neue Art, was meine Frau, meine Tochter, meine Mutter, was meine Familie für eine Kraft gaben. Ich erkannte es neu und dankbar. Erfüllte Sehnsucht nach einem bißchen privaten Glück!
Ich lernte die Freunde zählen, auf sie zählen, und »Freunde« vergessen. Ich lernte auch, wie man sich unterwegs einstellen muß, wenn einige nicht mehr grüßen: Du darfst nicht warten, bis sie dir Respekt und Achtung erweisen. Dann wartest du lange und wohl vergebens. Sie bringen es nicht. Du mußt es holen, immer und immer wieder neu holen. Auch hier gibt es keinen »Status quo«. Und du mußt die, die eigentlich Bringschulden bei dir haben, beschämen, indem du die Schuld abholst. So kannst du dazulernen; so kannst du dich beweisen; etwas zeigen – ohne Helfer, allein; so bleibst du nicht stehen; blickst nicht »zurück im Zorn«; so bist du unterwegs. Unterwegs nach vorn.
Politik kennt keinen »Status quo«, kein Verweilen und Beharren. Wer für einen Augenblick meint, nun sei alles wohlgeordnet, eine Pause trete ein und die Ruhe, das so wohl Geordnete zu genießen – wer diesem Schein folgt, lebt gefährlich.
In der Wirklichkeit gibt es das nicht: Ist einer befriedet oder befriedigt, steht ein anderer auf, wird ein Unruhiger neu geboren, fordert ein anderer mit neuen Ideen heraus, erfindet einer eine neue Technik oder Waffe, gibt es neue Fragen, die bessere Antworten suchen – und Menschen, die Antworten auch verantworten. Politik selbst ist immer unterwegs.
Jeder Tag ist neu, jeder Morgen ist ungewiß. So muß man immer jetzt seine Pflicht tun; so den Grad der Ungewißheit für die Zukunft möglichst eingrenzen. Was heute geht, ist morgen vielleicht unmöglich oder – zu spät!

Politik kennt keine weißen Flecke. Politik kennt keine leeren Räume. Wer nicht handelt, wird behandelt. (Gesagt hatte ich das längst; erfahren habe ich das erst später; unter der Haut.) Wo in Verträgen und Dokumenten Spielraum bleibt für Auslegungen – ob es sich um das Berlin-Abkommen handelt oder den Beschluß Nummer 242 der Vereinten Nationen zum Nahen Osten –, ringt man mit dem Partner um die Auslegung und das Anwenden. Tut man es nicht, wird der andere sich durchsetzen. Wo ein Wille ausbleibt, zurückbleibt, fehlt, dringt ein anderer vor, stellt sich ein anderer ein; verändert sich die Wirklichkeit.
Als nach dem »Patt« im Bundestag 1972 – Willy Brandt hatte keine Mehrheit mehr, ich hatte noch keine Mehrheit – Familie und Freunde um mich waren und Wunden belecken wollten, hätten wir beinahe Brandt das Feld für neue Aktivitäten überlassen. Ich ließ nicht zu, daß man wehleidig Verräter suchte, sich aufhielt mit »hätt'« und »wenn«. Man muß in Vorhand bleiben! Wir blieben es.
Politik ist wie das Leben: Geburt und Tod, Krankheit und Genesung; frisch sein und gebrechlich werden; werden und vergehen. »In der Politik ist eine Woche eine lange Zeit«, sagte mir einmal Harold Wilson.
Was da noch lohnt?
Bewußt unterwegs sein. Stationen nicht verwechseln. Immer sich selbst und den Werten, die bleiben, den Zielen, die weiter gelten, treu bleiben! Jung oder alt, oben oder unten – das ist nicht wichtig. Wichtig ist, dem treu zu sein, dem dieses Unterwegssein dient. »Binde deinen Karren an einen Stern ...!«

Wir kamen nach Warschau, als wir von Ostpreußen zurück an den Rhein fuhren. Hier hatte ich drei Jahre vorher als erster aus dem Westen den neuen Parteichef Gierek kennengelernt und mit ihm im Januar 1971 über die Verträge gesprochen. Die ganze Ostpolitik wurde lebendig, der Kampf um die Verträge, das konstruktive Mißtrauensvotum, die Bundestagswahl 1972, die Ereignisse danach. Aber auch viel Früheres gewann Konturen: Der Übergang von Adenauer zu Erhard, dann zu Kiesinger und zur Großen Koalition und von dieser weg über Heinemann in die Opposition; der Erfolg, zehn Jahre die Union zusammengehalten, durch Fährnisse und Zerreißproben geführt, sie in der Opposition vor dem Zerfall bewahrt und weiter oben gehalten zu haben als eine vergleichbare Partei in Europa. Später werde ich darüber berichten.

Öffentlich zu einem Punkt herausgefordert und auch, um ostpolitischen Legenden entgegenzuwirken, habe ich auf unserem Parteitag in Mannheim am 24. Juni 1975 spontan gesagt: »Ich habe kürzlich nochmals die Unterlagen aus diesen Tagen [Mai 1972] durchgesehen. Guten Gewissens habe ich sie weggelegt. Unsere Bemühung hatte und hat zur Folge, daß eine Deutschlandpolitik nach dem Grundgesetz und nach unserem Programm möglich bleibt ... Wir hatten – nach Treu und Glauben – eine Mehrheit für das konstruktive Mißtrauensvotum. Wir hatten keine Mehrheit gegen die Verträge. Wir hatten durch die Entschließung die Chance, eine völkerrechtlich wirksame Interpretation zu erhalten ... Ich habe nicht die Absicht – obwohl Anlaß dazu bestünde –, hier Memoiren vorzutragen. Memoiren soll man, weil sie nur dann interessant sind, nur schreiben, wenn sie auch indiskret sind. Und indiskret darf man erst werden, wenn man nichts mehr vorhat. Das ist bei mir aber nicht der Fall.«

Dort in Warschau hatte ich am 21. Januar 1971 vor dem »Institut für internationale Angelegenheiten« eine Rede gehalten. Man war von weither aus den östlichen Hauptstädten angereist. Es gab viel Beifall. Ebendiese Rede habe ich später in Stuttgart vor Vertriebenen gehalten. Es gab auch dort viel Beifall. Man kann getrost mit *einer* Zunge reden!

Aus dieser Warschau-Stuttgart-Rede: »In meinem politischen Leben habe ich gelernt, daß man sich nicht mit Formeln – gar noch mit verschieden interpretierbaren – begnügen darf, wo es um Lösungen geht; daß diese nur erreicht, wer versucht, sich dem anderen und den Problemen in voller Wahrhaftigkeit zu stellen; daß es ganz besonders unverantwortlich ist, es sich dort leicht zu machen, wo es in Wahrheit sehr schwer ist. Und was zwischen uns steht, ist sehr, sehr schwer. Mit Formeln, mit Schlagzeilen, mit erhobenem Zeigefinger, mit plakativen Demonstrationen, mit pompösen Trinksprüchen oder einmaligen Gesten ist das nicht zu schaffen.

Wir brauchen nicht Lippenbekenntnisse, sondern geduldige Werktagsarbeit an besseren, neuen Wirklichkeiten für die Menschen überall in Europa – hier besonders für die, welche in Polen und in Deutschland leben.

Durch Aufrechnungen aus der Vergangenheit ist niemals etwas Neues, Besseres, Dauerhaftes geworden. Ohne die Zustimmung der Völker steht alles auf tönernen Füßen. Wer Frieden will, muß Grenzen auf- und Krieg unmöglich machen. Krieg ist unmöglich, wo Volksverhetzung unmöglich ist. Und diese ist unmöglich, wo jedermann sich ungehindert aus allen Quellen frei informieren und so seine Meinung bilden kann. Dies ist eine Grunderfahrung meiner Generation. Frieden und Menschenrechte bedingen einander – wie man auch im Lehrschreiben ›Pacem in terris‹ von Johannes XXIII. nachlesen kann.

Unsere Maxime war und bleibt, alle Probleme nachbarschaftlich, europäisch und gewaltlos zu lösen. Und wir glauben, daß überall in Europa an die Stelle der Rivalität die Zusammenarbeit treten muß. Wir wollen, so steht es in unserer Verfassung, in einem vereinten Europa dem Frieden der Welt dienen.

Europa ist der am meisten entwickelte Kontinent der Erde. Mit dem Blick auf unsere Welt und die Lage der Menschheit sollten wir Europäer unseren Beitrag zum Fortschritt und zum Frieden für alle Menschen leisten. Wir Europäer können der Welt Erfahrung und Hilfe geben. Wir können noch mehr tun: Europa als ein befriedeter Kontinent, von dem Gelassenheit – weltpolitisch wirksam – ausgeht, wäre ein stabilisierender Faktor der Weltlage. Statt dessen heißt die europäische Realität: Spaltung und Spannung.

Wir Europäer sollen durch gerechte Ordnung unserer Probleme, durch endgültigen Abschied von Gewalt als Mittel der Politik, durch das bleibende Entfernen aller Reste der Unwissenheit, der Armut und der sozialen Unsicherheit, durch friedliches Neben- und Miteinander von Völkern, Sprachen, politischen Methoden und staatlichen Ordnungen der Welt ein Beispiel geben. Hierbei können und sollen Deutsche und Polen eine hervorragende Rolle spielen. Sie können zeigen, wie Nachbarn unterschiedlicher Gesellschaftsordnung zusammenarbeiten, wie europäische Gemeinsamkeiten und Modelle zum Charakter von Grenzen entstehen.

Vielleicht ist Ihnen auch bekannt, daß in meinem politischen Leben die Fragen des Ausgleichs, der Verständigung und schließlich der Gemeinsamkeit sowohl mit unserem französischen Nachbarn als auch mit dem jüdischen Volk und mit dem Staat Israel ständig eine große Rolle gespielt haben.

In diesem Zusammenhang habe ich vor einigen Jahren zu Menschen, die unter Hitler besonders gelitten hatten, folgendes gesagt – auch damals mit dem Risiko erheblichen Widerspruchs:

1. Hitler war eine schreckliche Wirklichkeit. Daran gibt es nichts zu verniedlichen.
2. Die deutsche Geschichte umfaßt mehr als jene zwölf bösen Jahre.
3. Ein erneuertes Deutschland tritt der Welt gegenüber. Auch uns ist erlaubt, unser Land zu lieben.

Wir wollen, daß Sie in gesicherten Grenzen und wir in gesicherter Freiheit leben können. Für unser Urteil ist wichtig, ob man dies zu respektieren bereit ist oder ob man sich engagiert für das Gegenteil. Und deshalb möchte ich keinen Hehl daraus machen, daß uns Ausgleich, Verständigung und Gemeinsamkeit mit denen leichter fallen, die unsere aktuellen Bemühungen in und um Berlin ebenso verstehen wie unseren Wunsch, als Deutsche in Deutschland zusammenzuleben.
Ich weiß, daß man niemanden überfordern darf, und ich füge deshalb hinzu, daß auch insofern plakative Akte oder demonstrative Gesten allein nicht zu Lösungen führen. Unter Nachbarn gibt es auch schweigendes Verständnis. Für uns kommt Vertrag von sich vertragen. Für unser Urteil ist wichtig, welche Wirklichkeiten wir zusammen schaffen können, um der Humanität und der Gemeinsamkeit Platz zu schaffen.
Mit dem Blick nach vorn werden wir weiterkommen. Und wenn ich von vorn und der Zukunft spreche, weiß ich natürlich, daß es keine Gegenwart ohne Vergangenheit gibt. Aber es gibt keine bessere Zukunft ohne das gegenwärtige Bemühen um das Gute.
In der Vergangenheit habe ich – und vielleicht geht es Ihnen,

ohne daß ich das weiß, ähnlich – zu oft von polnischer Seite Sätze gehört, die mit den Worten anfingen: ›Ihr müßt ...!‹ Zu selten waren Sätze, die begannen mit: ›Wir sollten zusammen ...‹, oder: ›Wir wollen gemeinsam ...‹ Vertrag kommt eben, so meine ich, von vertragen, von sich vertragen, also von einem konkreten Punkt gemeinsamer Interessen, Meinungen und Willensrichtungen. Was uns gemeinsam angeht, ist: Zwischen den Polen und den Deutschen zu Ausgleich, Verständigung und Gemeinsamkeit zu kommen. Ich sehe nicht, wie sonst eine europäische Friedensordnung, die diesen Namen verdient, zustande kommen könnte. Wir sind bereit, daran mitzuwirken.
Ich bin gekommen, um Ihnen zu sagen, daß wir eine Politik des Ausgleichs, der Verständigung und der Gemeinsamkeit mit Ihnen suchen. Dabei weiß jeder – Sie wie ich –, daß keiner von uns seine Prinzipien in den Fragen der Demokratie und Gesellschaftsordnung aufgibt, wenn er sich um nachbarschaftliche Lösungen bemüht.
Es ist schon ein Fortschritt, daß wir miteinander reden. Bald werden wir wissen, wie wir es miteinander tun. Und aus beidem wird sich leichter erkennen lassen, ob der Weg zu neuen Wirklichkeiten und zu einem wirklichen Sichvertragen jetzt gangbar ist.
Wir haben nicht die Absicht, das Rad der Geschichte zurückzudrehen. Sie sollten weder diesen Satz noch sich selbst in Frage stellen. Und alles wird leichter gehen, wenn wir es wagen, das Rad der Geschichte gemeinsam nach vorne zu drehen.«

Ein Jahr nach dieser klärenden Reise fand in Helsinki die große Konferenz statt. Die Staats- und Regierungschefs unterschrieben am 1. August 1975 ein Dokument mit diesen Sätzen:

»Im Bewußtsein, daß eine Steigerung des Austausches auf dem Gebiet der Kultur und Bildung, eine größere Verbreitung von Information, Kontakte zwischen den Menschen und die Lösung humanitärer Probleme zur Erreichung dieser Ziele beitragen werden – daher entschlossen, unabhängig von ihren politischen, wirtschaftlichen und sozialen Systemen untereinander zusammenzuarbeiten, um in den obengenannten Bereichen bessere Bedingungen zu schaffen ... setzen sich zum Ziel, freiere Bewegung und Kontakte auf individueller und kollektiver, sei es auf privater oder offizieller Grundlage, zwischen Personen, Institutionen und Organisationen der Teilnehmerstaaten zu erleichtern und zur Lösung der humanitären Probleme beizutragen ...« (Schlußakte der Konferenz über Sicherheit und Zusammenarbeit in Europa, 1. 8. 1975.)

Wo bleibt nun die konkrete Politik, die sich auf diese verbindlichen Erklärungen stützt und die Verantwortlichen im Osten anmahnt: Stellt das Schießen ein! Laßt die Kinder heraus! Gebt das Heiraten frei! Und dies als einen Anfang. Menschlichkeit zuerst. Über Freizügigkeit zur Freiheit! Ich darf davon sprechen:

2. Freiheit ist teurer als Geld

Im April 1966 besuchten wir Südamerika. Es war eine Mischung aus Informations- und Goodwillreise. Wir, das hieß: Meine Frau, Ludwig Rehlinger, Eduard Ackermann und ich. Das Wochenende vor der Karwoche verbrachten wir auf der Kaffeefarm der Familie Schauff. Die Farm heißt Santa Crux und liegt bei Rolandia im Staate Paraná, mitten in Brasilien. Karin Schauff hat in ihrem liebenswerten Buch »Brasilianischer Garten – Bericht aus dem Urwald« die Atmosphäre dieser Landschaft eingefangen und ihre Verliebtheit in diesen dem Urwald abgerungenen Garten offenbart. Wer ihn sieht, wird das gut verstehen.

Wir hatten den ganzen Tag im fremden Klima Ungewohntes getan: Eine Prozession erlebt, waren durch Kaffeefelder gewandert, hatten eine japanische Kolonie in der Nachbarschaft besucht, dem Fußballspiel der Einheimischen zugeschaut, ein paar Schritte in den Urwald versucht, im Tümpel gebadet und am Abend ein zünftiges Churasco am offenen Feuer mit Chassassa genossen.

Einer von uns fragte das junge Ehepaar, ob es denn nie Angst habe – so allein mit vielen Fremden, die doch ganz andere Lebensgewohnheiten und Ansichten hätten; so fern von Nachbarn; so einsam zwischen Urwald und Kaffee, mit wilden Tieren und Spinnen und Schlangen und den nächtlichen Lauten der Wildnis?

»Nein. Nur am Karfreitag. Da verbarrikadieren wir uns. Da liegen die Waffen bereit, und einer wacht. Es ist nötig. Wir mußten uns schon wehren. Auch Nachbarn.«
»Karfreitag? Warum?«
Die überraschende Antwort: »Die Einheimischen hier sind nett und hilfsbereit. Sie gehen – wie Sie gesehen haben – sonntags zur Kirche. Nebenbei pflegen viele ihre alten Bräuche. Bei vielen ist die Christianisierung noch immer nicht ganz durchgedrungen. Und manche – Analphabeten – sind noch sehr primitiv. So meinen einige: ›Am Karfreitag ist Gott tot. Da sieht er nicht, was du tust. Also kannst du getrost in dieser Nacht tun, was dir beliebt.‹ Und so kommt es am Karfreitag immer wieder zu Gewaltverbrechen...«
Der Freitag darauf war Karfreitag. Wir machten nach anstrengenden Tagen in Argentinien und Chile und vor Gesprächen sowie Vorträgen in Washington und New York eine Pause, irgendwo auf dem Wege von Süd nach Nord, wo es warm und behaglich war. Wir wollten im Hotel zu Abend essen und freuten uns, ganz unter uns zu sein – ganz allein mit der »Crew«, wie wir das nannten; ohne alles Offizielle, ohne Reden, Gäste, Zwang. Es ließ sich auch gut an.
Dann trat ein Sänger auf. Er begrüßte die Gäste und gab seiner besonderen Freude Ausdruck, zugleich im Namen des Hauses berühmte und bedeutende Gäste aus Europa, nämlich aus Deutschland, begrüßen zu dürfen. Man schätze sich glücklich... Hätten wir nicht besser auf dem Zimmer gegessen? Oder anderswo?
Karibische Songs bot unser Jamaikaner. Mit viel Gemüt und hinreißend. »And now, Ladies and Gentlemen, in the honor of our guests from the other side...« Und er sang auf deutsch »Am Brunnen vor dem Tore«.
Wir baten ihn zum Drink. »Guten Abend, Herr Dr. Barzel.

Ich bin Archie Louis. Mich kennen Sie nicht. Aber ich kenne Sie.«
Die Welt ein Städtchen?
Wir tranken ein Bier, und Archie Louis erzählte: »Ich kenne Deutsch aus dem Gefängnis. Ich habe in Ost-Berlin im Gefängnis gesessen und aus dem NEUEN DEUTSCHLAND, der einzigen Zeitung, die wir bekamen, Deutsch gelernt. Daher kenne ich Sie. Es wurde viel über Sie geschimpft in dieser Zeitung. Wenn die Kommunisten, die mich ins Gefängnis gesteckt haben, so gegen Herrn Barzel sind, muß er eigentlich mein Freund sein, dachte ich mir.«
Wie das alles zusammenhinge, und wie er ins Gefängnis in Ost-Berlin gekommen sei, fragten wir.
Er habe, so seine Geschichte, gastiert in Berlin und sei in West-Berlin und in Ost-Berlin aufgetreten. Gewohnt habe er in West-Berlin. Er habe für die Zeit dieses Engagements einen Mercedes 300 gefahren und aus Ost-Berlin im Kofferraum Flüchtlinge mitgebracht. Eines Tages sei er dabei geschnappt worden. So sei er im Ost-Berliner Gefängnis gelandet. Nach Monaten sei er aus ihm unerklärlichen und bis heute unbekannten Gründen freigelassen und nach Westen abgeschoben worden. Er wisse nicht, wem er dafür zu danken habe ...
Es wurde ein langer Abend.
Ludwig Rehlinger war bei alledem auffällig nachdenklich geworden. Ich fragte ihn am nächsten Morgen, ob auch ihn die Vermutung beschäftige, Archie Louis sei der Neger mit britischem Paß aus seinen Listen.
»Ich bin fast sicher«, antwortete er. Aber er wollte zu Hause die Akten einsehen, um sich – nach drei Jahren – zu vergewissern. Wenig später wurde bestätigt, was wir vermuteten. Phantastische Geschichte? Phantastische Geschichte!
Ich will hier berichten, was es mit Rehlingers Listen auf sich

hat. Es ist mein persönlicher Bericht über den Freikauf von Gefangenen aus der DDR. Darüber ist viel geschwiegen, viel gemunkelt, einiges Richtige und viel Falsches geschrieben worden. Nachdem Walter Ulbricht tot ist und »der Fakt«, wie er sagen würde, bekannt wurde, kann man – zumal nach dem Grundvertrag – darüber berichten, ohne Menschen oder Entwicklungen zu gefährden.
Ich war nach Jakob Kaiser und Ernst Lemmer Bundesminister für Gesamtdeutsche Fragen im Kabinett Konrad Adenauer. Damals erging es dem Gesamtdeutschen Minister in mancher Hinsicht wie früher Landesherren mit Alchemisten: Immer wieder kamen Mitbürgerinnen und Mitbürger mit dem »Stein der Weisen«, mit dem »Gold aus der Retorte« und ähnlichen Vorschlägen. Es ging immer darum, wie man die Lage in ganz Deutschland verbessern, entspannen, lösen, wie man den Menschen helfen und die widrigen Wirklichkeiten zum Besseren verändern könne. Überwiegend Unausgegorenes wurde da aus achtbaren Motiven mit viel Idealismus vorgetragen und aufgeschrieben. Kurzum, man war gewohnt, das Unerwartete und das Unmögliche zu hören oder zu lesen, und bemüht, nichts von vornherein als sinnlos zu verwerfen. Alles ernsthaft aufzunehmen, was Mitbürger anregten, und nie »dem Übermut der Ämter« zu erliegen, war eine Weisung an meine Mitarbeiter.
So reagierte ich positiv, aber ungläubig und skeptisch, als Axel Springer mir im Frühjahr 1963 bei einem Gespräch im 13. Stockwerk seines Hamburger Verlagshauses – selbst ebenso skeptisch wie ich – einen Hinweis auf einen Rechtsanwalt Stange gab, der Gefangene aus der DDR gegen Geld herausholen wolle.
Axel Springer schwieg wie ich jahrelang über alles, was sich nun ereignete. Und das war nicht immer leicht, als übler Verdacht sowie falsches Gerede und später falsches Lob

aufkamen. Axel Springer schilderte erst zehn Jahre später, nachdem im Bundestagswahlkampf 1972 die Frage durch Redereien aus dem Lager der Bundesregierung Brandt eine öffentliche Rolle zu spielen begann, in einem Interview mit der KÖLNISCHEN RUNDSCHAU vom 17. November 1972 die Sache so:
»Ich brauche mich wohl heute nicht mehr an das dem Osten gegebene Wort zu halten, über den Freikauf von politischen Häftlingen Stillschweigen zu bewahren. Die Art, wie die jetzige Regierung vor dem Wahlkampf das Thema Häftlinge oder auch Kinder aus der Zone behandelt, aber mehr noch die Tatsache, daß meine damalige Rolle in der Öffentlichkeit angesprochen worden ist, macht eine weitere Zurückhaltung gegenstandslos. ... Sofort nachdem der Mann aus Ost-Berlin mein Haus verlassen hatte, rief ich den damaligen Gesamtdeutschen Minister, Rainer Barzel, an. Am Telefon konnte ich ihm zwar keine Einzelheiten sagen. Aber an meinem Tonfall hatte er, hellwach, die Dringlichkeit gespürt, und so fand noch am selben Tag ein Zusammentreffen mit Rainer Barzel statt, der dann prompt und unbürokratisch reagierte.«
Kurzum, ich sprach in Bonn alsbald mit Konrad Adenauer, Hans Globke und Franz Thedieck, meinem hochverdienten Staatssekretär, mit dem ich zur Überraschung Bonns eine freundschaftliche Beziehung gefunden hatte. Die Wetten hatten 80 zu 20 gestanden in der Erwartung, die Zusammenarbeit zwischen dem ältesten Staatssekretär und dem jüngsten Minister, beide »Feuerköpfe«, würde nicht klappen und kaum länger als einen Monat andauern; wer würde dann gehen?
Über Anwälte Gefangene freikaufen? Das Ganze klinge so ungewöhnlich und unglaublich, daß es völlig aus dem Rahmen falle, erwiderte man mir – vor allem in meinem Ministe-

rium. Und natürlich passe so etwas, falls es wider Erwarten realisierbar sei, überhaupt nicht in unsere Vorschriften, schon gar nicht in den Haushalt und eigentlich nicht in die politische Landschaft. Aber man müsse mir natürlich schließlich doch zustimmen, daß man im Interesse der Menschen nichts unversucht lassen dürfe, auch wenn es noch so unbequem und ungewiß, abenteuerlich und gegen die Kleiderordnung sei. Gelänge es, so sei es ein riesiger Erfolg für die Menschlichkeit und eine Schwächung des diktatorischen Unterdrückungsapparates in der DDR. Gelänge es, so bliebe die Finanzierung der Sache ebenso unerfindlich und kompliziert wie die Notwendigkeit, das Ganze im Interesse weiterer Fortschritte auf lange Zeit völlig geheimzuhalten. Wenn ich das politische Risiko zu tragen bereit sei, mit aller Konsequenz, wenn ich die nötige Courage hätte und einen geeigneten Mitarbeiter, den ich einweihen und der das alles mit Umsicht durchführen könne, dann könne ich, wie ich selbst vorgeschlagen hätte, auf eigene Verantwortung und ganz in eigener Zuständigkeit mit dem Herrn Rechtsanwalt ja mal reden und ihm Zusagen in Aussicht stellen. Ich sagte »Danke schön« und »Auf Wiedersehen – widrigenfalls im Cut zum Rücktritts- und Abschiedsbesuch.«
Ich traf Herrn Jürgen Stange kurz darauf in München, wo ich zu tun hatte. Er wolle Gefangene aus der DDR freikaufen. Er sehe dazu eine Möglichkeit, falls auf westlicher Seite völlige Diskretion gesichert sei – langfristig natürlich. Die Höhe des Preises könne er erst aushandeln, wenn er »drüben« mitgeteilt habe, der diskrete Partner im Westen stehe mit barer Kasse und einer Namensliste bereit.
»Dann fahren Sie los!« war meine Antwort.
In Bonn weihte ich Heinrich von Brentano, unseren Fraktionsvorsitzenden, sowie Rolf Dahlgrün, Bundesminister der Finanzen, und später Herbert Wehner, Vorsitzender des

für mich zuständigen Parlamentsausschusses, ein. Hans Globke hatte intern gut vorgearbeitet: Falls das »Geschäft« zustande komme, könnten wir das Geld vertraulich bereitstellen. Ich freute mich – nach anfänglicher Widerborstigkeit im Apparat –, nun in der Führung so viel Aufgeschlossenheit und entscheidungsfreudiges Tempo bei einem so unkonventionellen, risikoreichen »Vorgang« innerhalb der Regierung am Werk zu sehen! Diese Herren verdienen gerade in dieser brisanten, so unbürokratischen Angelegenheit Dank wie Konrad Adenauer, Franz Thedieck und – Ludwig Rehlinger.
Ludwig Rehlinger war im Berliner Teil meines Ministeriums mein engster politischer Mitarbeiter. Regierungsrat, jung, dezent, tatkräftig, klug. Ich zog ihn ins Vertrauen. Ihm verschlug es die Sprache.
Als erstes oblag ihm, für den unerwarteten Fall, daß wir sehr schnell eine Namensliste übergeben müßten, diese zusammenzustellen. Der Geheimhaltung wegen konnte ich ihm keine besondere Vollmacht in die Hand geben und auch andere Stellen nicht einschalten. Diese erste Liste, falls es dazu komme, müsse ein Meisterwerk sein. Von ihr hänge, wenn überhaupt, das weitere Gelingen ab. Niemand dürfe auf der Liste sein, der zusätzlich gefährdet werde, wenn die DDR auf diese Weise erfahre, unser Interesse an ihm sei so groß, daß wir ihn auf eine erste Liste für einen Freikauf setzten. Niemand dürfe eingetragen werden, der im Fall der Befreiung hier laute Fragen stellen oder Pressekonferenzen geben würde. Und es sei gut, im Hinblick auf unsere für Berlin zuständigen Alliierten, auch westliche Ausländer auf der Liste zu haben. Und die Häftlinge müßten aus verschiedenen Strafanstalten kommen, damit wir sicher sein konnten, eine zentrale Stelle drüben als unsichtbaren Partner zu haben. Aber immer: Niemand darf hier gefährdet werden!

Regierungsrat Rehlinger kniff nicht, obwohl er die Kühnheit sowie das Risiko des Unternehmens sofort begriff und sich ganz sicher den Inhalt der Arbeit eines Ministerialbeamten anders vorgestellt hatte. Mehr konnte ich ihm nicht sagen. Nur noch dieses: »Ich allein verantworte das Ganze!« Er ging an die Arbeit und brachte bald das, was wir eine »runde Liste« nannten.
Zu dieser Zeit waren uns rund 12 000 politische Häftlinge in der DDR bekannt. Aus dieser Zahl – jeder »Fall« ein Mensch, ein Schicksal! – zehn auszuwählen, war eine schreckliche Gewissensentscheidung. Wir nahmen vorwiegend Menschen auf die Liste, die seit 1945 wegen ihrer Gesinnung einsaßen.
Stange meldete sich wieder. Er habe nun von »drüben« grünes Licht. Er könne bald eine erste Liste mit zehn Namen übergeben, falls er gleichzeitig zusagen könne, wir würden in bar an einem zu vereinbarenden Ort den Betrag durch einen Mittelsmann übergeben lassen. Nichts würde gehen und nichts würde später mehr gehen, wenn eine Indiskretion passiere!
Ich wies Stange, den ich damals noch kaum – also objektiv: nicht genügend – kannte, auf die politische Gewagtheit und auf mein persönliches Risiko hin. Wenn das Ganze Schwindel sei? Wenn einige nur zu Geld kommen wollten? Wenn ich durch eine Liste Menschen gefährdete? Wenn ich Geld übergäbe und die Gegenleistung bleibe aus? Wenn es sich »drüben« nicht um eine zentrale und bevollmächtigte Stelle als Gegenüber handele? Wenn, wenn, wenn ...
Stange bekam bald die Liste. Ich hatte mich entschieden. Und ich ließ das Geld kommen.
Viel Hin und Her entstand. Ich ging mit Stange über den Kurfürstendamm spazieren, um ihn – unter den Augen der in Berlin damals allgegenwärtigen »Beobachter« – als mei-

nen Bekannten zu legitimieren. Eine schriftliche Legitimation lehnte ich ab – weniger wegen des Risikos für mich, das war ohnehin ausreichend groß, sondern weil wir damals keinen Schriftverkehr mit der DDR hatten und haben durften. Nur die Alliierten und die Treuhandstelle für den Interzonenhandel hatten Kontakte.
Wir verlebten bange Tage. Ludwig Rehlinger übergab auf einem S-Bahnhof in Berlin einen Aktenkoffer mit über 100 000 DM in Scheinen, nachdem einige Häftlinge frei und bei uns waren. In späterer Zeit wurden auf verschiedenen Wegen immer mehr Menschen aus dem Gefängnis freigelassen. Wie Archie Louis wußten sie nicht, warum und durch wen ihnen plötzlich dieses Glück zuteil wurde.
Der »Preis« für die Häftlinge wurde von Fall zu Fall ausgehandelt. Widerlich! Das »Kopfgeld« richtete sich nach dem menschlichen und politischen »Gewicht«. »Lebenslängliche« kosteten mehr ...
Zug um Zug wurden Leistung und Gegenleistung erbracht. Die Anwälte waren korrekt, pünktlich, gewissenhaft. »Kopf gegen Geld« – so kam einer nach dem anderen frei. Ohne Information, ohne zu ahnen, was bevorstand, wurden die »Köpfe« – Menschen in Not und Leid! – per PKW direkt aus dem Zuchthaus zum S-Bahnhof Friedrichstraße gebracht und unserem Mittelsmann übergeben. Dieser brachte sie nach West-Berlin zur – zunächst – überraschten Rechtsschutzstelle meines dortigen Ministeriums. Aus Gründen der Geheimhaltung gab es keine Erklärungen!
Der Bericht über die Ankunft des ersten freigekauften Häftlings wird mir immer unvergeßlich bleiben: 1945 war er – wir schrieben damals 1963, es waren 18 lange Jahre vergangen! – durch ein sowjetrussisches Militärtribunal zu lebenslänglicher Haft verurteilt worden. Seither saß er im Zuchthaus, ohne daß ihm ein hinreichender Grund für die Strafe

erkennbar war! Von Beruf war er Tischler. Der uns im Westen bekannte Lebenslauf wies weiter nichts aus ... Direkt, ohne jede Vorankündigung, nach 18 Jahren, die er zum Teil in Einzelhaft, zum Teil in Dunkelhaft erlitten hatte, nach West-Berlin entlassen, erlitt er einen Schock. Zusammenbruch, Weinkrämpfe und die fassungslose Frage: Warum gerade ihm das Glück der Freiheit widerfahre.
Rehlinger hatte auch an einen Arzt gedacht ...
Viele Tausende sind ihnen auf diesem Wege bei steigenden Preisen gefolgt. Und auch sonst ließ sich für viele in ähnlicher Weise Gutes tun. Gutes durch Mut und Diskretion.
Am 19. Januar 1976 teilte Bundeskanzler Schmidt in seiner Regierungserklärung zur »Lage der Nation« dem Deutschen Bundestag mit, »daß in der Konsequenz unserer besonderen Bemühungen ... etwa 20 000 Personen aus der DDR ausreisen ... konnten, darunter auch etwa 3500 Kinder.«
Nach Abschluß der ersten Aktion, die Vertrauen bilden sollte, informierte ich Ludwig Erhard, der sich anschickte, Konrad Adenauer als Bundeskanzler nachzufolgen. Er hat diese Politik – »bares Geld gegen konkrete Humanität« – sofort gebilligt und sie später, nach meinem Ausscheiden aus der Bundesregierung, immer unterstützt. Herbert Wehner, Vorsitzender des für mich zuständigen Bundestagsausschusses und mein Gesprächspartner der sozialdemokratischen Opposition, war interessiert, hilfreich und schweigsam. Meine Nachfolger im Ministerium, Erich Mende, Johann Baptist Gradl, Herbert Wehner und Egon Franke, nutzten den einmal geebneten Weg.
Konrad Adenauer hielt ich auf dem laufenden. Als ich die Liste und später das Geld übergeben ließ, ohne die »Gegenleistung« schon Zug um Zug öffentlich beweisen zu können, und ihn darauf hinwies, beruhigte er seinen jüngsten

Minister: Er habe in Moskau 1955 sich auch auf ein Wort verlassen, und das sei gehalten worden. Ich habe das auch erfahren. Und ich würde immer wieder bereit sein, durch materielle Leistungen Humanität zu verwirklichen und der Menschlichkeit den obersten Rang in der Skala der politischen Werte zu geben.
Freiheit ist teuer.
Teurer als Geld.

3. In zehn Jahren marxistisch?

Angst und Sorge · Grauzonen
Demokratischer Kommunismus? · Volksfront-Europa?
Bilanz · Sie sollen nach Berlin kommen

ANGST UND SORGE gehen um in Europa. Die Anziehungskraft des Marxismus auf junge Menschen, die anwachsende militärische Stärke der Sowjetunion und das laute Selbstbewußtsein der Kommunisten beschäftigen mit bangen Fragen ebenso das Bewußtsein wie der Torso der Europäischen Gemeinschaft, die unklare Situation der USA, die sozialen Konflikte und die wirtschaftlichen Unzulänglichkeiten in weiten Bereichen der westlichen Welt.
Die Gefahr ist da. Sie ist keine Einbildung.
Manche fragen besorgt mit Henry Kissinger: »In zehn Jahren marxistisch?« Die das Fragezeichen streichen, werden mutlos, werden zu Rückversicherern und Anpassern. Andere rufen nach der »Neuen Ordnung«, in der Männer mit harter Hand Geschichte machen. Schluß mit Entspannung, rufen einige, während andere zu noch größerem Nachgeben gegenüber dem Ostblock raten.
Dieser verzagten Verworrenheit begegnen kommunistische Ideologen und Propagandisten mit harter, gläubiger Gewißheit: Ihr »Endsieg« nach Plan und Lehrbuch des Marxismus stehe vor der Türe. Allerorts werden Kommunisten sicherer und kecker.
Ponomarjow, der zuständige Sekretär des Kommunistischen Zentralkomitees in Moskau, sieht den Westen in der »vorrevolutionären Phase«; er bestreitet, daß der Westen

die Kraft zur »dauerhaften sozialpolitischen Stabilisierung« und zur »Überwindung der sichtbaren sozialen Konflikte« habe; er gibt öffentlich Regieanweisungen zur Machtergreifung. Die portugiesischen und chilenischen Erfahrungen mit einer Revolution durch Gewalt werden ohne Scham öffentlich erörtert. Moskau gibt dem »direkten« Weg den Vorzug, dem gewaltsamen Umsturz also.

Die Erfahrungen mit Chile und Portugal haben die Planer der kommunistischen Weltrevolution zwar nachdenklich gemacht. Aber die Konsequenz? Sie mahnen lediglich, nicht »zu früh« loszuschlagen; mehr auf die »Macht der Arbeiterklasse« als auf Mehrheiten bei Wahlen und in Koalitionen zu setzen; nie die »kapitalistische Gegenmacht« zu übersehen; nicht nur die »Notwendigkeit« zu erkennen, diese zu zerschlagen, sondern auch die Möglichkeit, das zu schaffen.

Interessiert und wie gebannt schaut man im Westen nach Rom, um nicht den Zeitpunkt zu verpassen, zu dem dort die Kommunisten in die Regierung eintreten; und man fragt, ob es in Frankreich schon bald eine neue Parlamentsmehrheit aus Sozialisten und Kommunisten, eine »Volksfront« also, geben werde. Und Spanien? Und Portugal?

Vorbei ist die Zeit, in welcher der Westen von »Roll back« sprach, also von Freiheit in und für Polen, Ungarn, Bulgarien, Rumänien, in der und für die Tschechoslowakei, in und für Deutschland. Die atlantische, die europäische und die deutsche Perspektive haben sich verengt. Die Elle schrumpfte zum Millimeter. Maßstab der Entspannung ist nicht mehr John F. Kennedys kühne Forderung nach »Frieden durch Menschenrechte«, sondern Willy Brandts unreformerische Maxime: »Das Berlin-Abkommen einhalten und nur ja nicht belasten.«

Und in unseren Ländern? Wird die Szene beherrscht vom Willen zum sozialen Fortschritt, zur europäischen Eini-

gung, zur gefestigten Sicherheit? Füllen Mitteilungen über die Arbeit an Plänen und Vorhaben zu diesen Zielen unsere Zeitungen? Oder beginnen die Kommunisten Berlinguer und Marchais Themen so wie Schlagzeilen zu beherrschen, während wir mehr als aufmerksame Betrachter denn als Handelnde die Entwicklung abwarten?
Vorsicht! Wer die geistige Führung verliert, wird die politische nicht behalten. Wer die geistige Führung gewinnt, wird die politische dazubekommen. Wer nicht mehr die Szene beherrscht, tritt ab – ohne Applaus. Da sich im Westen wenig Neues bewegt, bewegen die Kommunisten den Westen. Wer nicht handelt, wird behandelt. Unterwegs sein!
Die NATO schützt nur gegen den Teil der kommunistischen Gefahr, der von außen kommt und militärisch ist. Das Bündnis hat sich bewährt. Seine Abschreckung verhindert Krieg und Expansion, sie funktioniert. Das Bündnis würde aber zum Fragezeichen, wenn in einem westeuropäischen Land die Kommunisten regierten! Diese Mahnung aus Washington muß ernst erwogen und voll geglaubt werden.
So erhält die Politik, mit dem Frieden die Freiheit zu sichern, neue Dimensionen: Der NATO-Panzer schützt vor dem Eindringen des Rotarmisten; er schützt nicht vor dem Ministersessel für einen kommunistischen Abgeordneten. Und wenn dieser da säße, wäre der Panzer wohl bald nicht mehr da.
Die kommunistische Gefahr, die das NATO-Mitglied Portugal bedroht, kommt und kam nicht von außen.
In Bologna wie in zehn anderen Großstädten und Regionen Italiens stehen die Kommunisten nicht mehr vor der Tür, sondern sitzen am Schreibtisch.
Wer will sie da wieder wegbekommen?
Während man über die »Historischer Kompromiß« ge-

nannte kommunistische Machtergreifung von oben diskutiert, findet sie von unten statt.
In Frankreich ist die Volksfront aus Sozialisten und Kommunisten durch alles das, so scheint es, nur am Rande angekratzt. Die »präsidentielle Mehrheit«, wie man das dort – penibel genau – nennt, war vor einem Jahr gerade noch in einer Stichwahl wirksam. Es ist nicht zu hören, daß sich diese Mehrheit stabilisiert und verbreitert hätte. Wie wird das werden? Ist Hoffen erlaubt?
In Großbritannien haben die Gewerkschaften, mit Härte, die parlamentarische Demokratie reduziert: Sie lassen nur noch Labour regieren.
Anderswo sind solche Tendenzen auch nicht mehr fremd. Resignation ergreift Konservative, weil parlamentarischer Wechsel doch nicht wie früher möglich sei.
Der Blick nach Skandinavien wirkt auch nicht sehr ermunternd. In Schweden stützt sich, wie zu hören ist, die sozialistische Minderheitenregierung auf die Kommunisten als Notaggregat. In Norwegen und Finnland benutzt man sie ähnlich.
In allen westlichen Ländern hatten wir wirtschaftlich und sozial schon bessere Zeiten. Krankheiten sind ansteckend. Der Aufschwung des einen wird gebremst durch die Krise des anderen. Statt den gemeinsamen Durchbruch nach vorn zu vollziehen, strebt alles auseinander, denkt jeder an sich; vermehrt jeder die Übel aller einschließlich der eigenen.
Der Marxismus gewinnt im Westen an Boden, während man seiner im Osten mehr und mehr überdrüssig wird.
Für die meisten Studenten in Moskau ist der Marxismus eine langweilige Gebetsmühle der Staatsreligion, eine träge Pflichtübung. Arbeiter in Dresden finden den Marxismus stupide und lebensfremd. In Polen hängt vielen Intellektuellen das marxistische Patentrezept zum Halse heraus, diese

vorfabrizierten, aus Konserven bezogenen Antworten auf alles und jedes. Überall dort empfindet man die lähmende Starrheit dieser rechthaberischen Dogmatik.
Zugleich erlebt der Marxismus im Westen eine neue Blüte. Die scheinbar sichere Gewißheit dieses Lehrgebäudes fasziniert viele im bunten Angebot, das hier der freie Geist zur freien Auswahl läßt. (Je mehr Farben – desto mehr Sehnsucht nach der einen? Je bunter das Leben – desto mehr Hoffnung auf die ordnende Hand?) »Von des Gedankens Blässe angekränkelt«, greifen viele zum Rezept, zum Einheitsrezept; von der vielfältigen Küche zum Eintopf.
Mehr noch imponieren diesen Blassen die gläubigen Jünger des neuen Kultes: Wo soviel Glaube durch Taten belegt ist, muß der Glaube wohl etwas taugen ...

Dieser düstere Horizont wird noch finsterer, wenn man die gigantische Aufrüstung der Sowjetunion und des Warschauer Paktes mit ins Blickfeld rückt: James Schlesinger, ehemaliger Verteidigungsminister der USA, schrieb Anfang 1976 in LE POINT: »Sie müssen sich nur die Zahlen ansehen. Der sowjetische Militärhaushalt stellt 15 Prozent des Bruttosozialprodukts der UdSSR dar, unserer erreicht lediglich fünf Prozent. In absoluten Zahlen ausgedrückt, übersteigt die sowjetische militärische Anstrengung die der USA um 45 Prozent. Dieser Abstand wird von Jahr zu Jahr größer. Die Sowjets haben 4 700 000 Mann unter Waffen, mehr als zweimal soviel wie wir. In den letzten Jahren überstieg ihre Produktion von taktischen Flugzeugen die unsere um 70 Prozent. Sie haben viermal soviel Kriegsschiffe wie wir, bei den Erdtruppen ist das Verhältnis sieben oder acht zu eins.«
Barry Blechmann von »Brookings Institution« und General Haig sekundieren: »Die Verteidigungsausgaben Washingtons, die Mitte der sechziger Jahre noch zwanzig Prozent

über denen Moskaus lagen, betragen heute nur mehr 70 Prozent der sowjetischen, die alljährlich um drei bis vier Prozent steigen. General Haig sprach von einer ›Explosion der militärischen Kapazität der Sowjets, die bei weitem die Erfordernisse einer defensiven Haltung übersteigt‹.« (DIE ZEIT, 6. 2. 1976.) Der Sozialdemokrat Georg Leber, Verteidigungsminister der Bundesrepublik Deutschland, legte zu Beginn des Jahres 1976 ein Weißbuch vor. In diesem ist zu lesen: »Ein der Bedrohung entsprechendes Gegengewicht des Bündnisses muß Maßstab für die Verteidigungsanstrengungen des Westens sein. Die NATO verfügt auch bei der derzeitigen schwierigen wirtschaftlichen und politischen Situation über Möglichkeiten, das erforderliche Kräfteverhältnis zwischen West und Ost aufrechtzuerhalten. In gemeinsamer Anstrengung müssen sich die Länder der Nordatlantischen Allianz den Herausforderungen einer veränderten Welt gewachsen zeigen.« Das klingt mehr nach Trost und Hoffnung als nach Realität!

In der Sprache des deutschen Generalstabes wird das dann genauer und verläßlicher: »Die Sowjetunion hat den quantitativen Vorsprung der USA inzwischen teils aufgeholt, teils überholt. Auch der qualitative Vorteil der Vereinigten Staaten ist geringer geworden. Aber die nukleare Pattsituation zwischen beiden Weltmächten besteht fort. Keine Seite hat die Fähigkeit zu einem Erstschlag (first strike capability), der das nuklear-strategische Potential der anderen Seite ausschaltet. Die Fähigkeit beider zu einem Zweitschlag (second strike capability), einem Vergeltungsschlag nach nuklearem Angriff, bestimmt unverändert das strategische Kräfteverhältnis.«

Bei den Interkontinentalraketen (ICBM) sei die Sowjetunion den USA voraus. Das betreffe jedoch nur die Zahl, nicht die Wirksamkeit der Waffen. Auch bei den seegestützten Raketen (SLBM) habe die Sowjetunion die USA in mancherlei Hinsicht überholt. Hinsichtlich der strategischen Bomber seien die USA, hinsichtlich der Mittelstreckenraketen (MRBM) die Sowjets überlegen. »In einem militärischen Konflikt würde der Warschauer Pakt die Entscheidung wahrscheinlich in Mitteleuropa suchen. In diesem Gebiet liegt der Schwerpunkt seiner strategischen Planung und seiner Kräfteverteilung. Das Gebiet umfaßt auf westlicher Seite Belgien, die Bundesrepublik Deutschland, Dänemark, Luxemburg und die Niederlande und auf östlicher Seite die DDR, Polen und die ČSSR. Hier stehen sich Warschauer Pakt und NATO hochgerüstet gegenüber. Der Warschauer Pakt unterhält in Mitteleuropa 58 Divisionen. Etwa die Hälfte von ihnen stellt die Sowjetunion, wobei die 20 Divisionen der ›Gruppe sowjetischer Truppen in Deutschland‹ die stärkste Konzentration sowjetischer Truppen außerhalb der Sowjetunion bilden. Darüber hinaus können aus den drei westlichen Militärbezirken der Sowjetunion (Baltikum, Weißrußland, Karpaten) kurzfristig weitere 30 Divisionen zugeführt werden. Die NATO hält in Mitteleuropa 27 Divisionen präsent. Das sind amerikanische, belgische, britische, kanadische, niederländische, dänische und deutsche Verbände. Die größten Anteile daran haben die Bundesrepublik Deutschland mit 50 Prozent und die USA mit 20 Prozent. Die sechs französischen Divisionen – davon zwei in der Bundesrepublik Deutschland – unterstehen nicht der NATO. Der Warschauer Pakt kann seine Divisionen in Mitteleuropa schneller vermehren als die NATO. Das Kräfteverhältnis bleibt nach Zuführung der Reserven beider Seiten unverändert ungünstig für das Atlantische Bündnis.« Die Sowjetunion habe in Mitteleuropa 19 000 Panzer und 2460 Flugzeuge, die NATO 6100 Panzer und 1700 Flugzeuge.

Es wäre ein folgenschwerer Fehler, diese geballte Kraft zu übersehen. Die Sache der Freiheit wäre verloren. Niemand sollte unterschätzen, daß die Kommunisten die Kinder von klein auf zum Haß erziehen. Nach der amtlichen sozialistischen Wehrmoral der DDR werden dort den jungen Menschen als Motive für die militärischen Anstrengungen eingeimpft: »Haß auf die Feinde des Sozialismus«, »Überzeugung von der historischen Überlegenheit des Sozialismus« und »Gesetzmäßigkeit seines weltweiten Sieges« (Militärlexikon der DDR, 1973).

Das Bonner Weißbuch lenkt die Aufmerksamkeit auch auf diese wichtigen Tatsachen: »Die Mineralöl- und Rohstoffversorgung der Bundesrepublik Deutschland ist von Einfuhren außerordentlich abhängig. Das sicherheitspolitische Risiko dieser Abhängigkeiten ist jedoch beim Öl ungleich größer als bei den anderen Rohstoffen. Störungen der Mineralölversorgung und extreme Preissteigerungen treffen die Volkswirtschaft ebenso direkt wie die private Lebensführung. Die seit 1973 andauernde Ölkrise zeigt das ... Jede Gefährdung des freien Welthandels und einer preisgünstigen und sicheren Versorgung mit Rohstoffen schwächt die Verteidigungsfähigkeit der Bundesrepublik Deutschland. Rohstoffkartelle können sich nachteilig auf Handelsaustausch und Preise auswirken. Wirtschaftliche Rückschläge können negative Konsequenzen für Staatsausgaben, so auch für Verteidigungsausgaben, für die sozialen Sicherungen durch den Staat und den Arbeitsmarkt haben.«

Die NATO stellte am 12. Dezember 1975 öffentlich durch die Minister selbst fest: »Im militärischen Bereich erörterten die Minister wie bei früheren Gelegenheiten erneut mit Besorgnis das anhaltend schnelle Wachstum der Stärke der Land-, See- und Luftstreitkräfte des Warschauer Pakts, *das die erkennbaren Verteidigungsbedürfnisse übersteigt.*«

Was die Sowjetunion militärisch aufbaut, ist mehr als eine politische Druckkulisse. Hier entstehen neue strategische Realitäten. Die Sowjetunion versucht, durch militärische Überkapazität das Bewußtsein militärischer Überlegenheit zu erzeugen – bei sich wie beim möglichen Gegner. Das Ziel dieser über die Verteidigungsbedürfnisse weit hinausgreifenden Anstrengung ist klar: In Westeuropa den Glauben an die Wirksamkeit der Abschreckung und an die Entschlossenheit zum atomaren Gegenschlag durch die USA zu erschüttern und in den USA diesen Willen zu brechen.
Sie wollen unseren Willen und unseren Glauben schwächen. Wir sollen von der Ordnungskrise, in der wir stecken, zur Willenskrise, die beginnt, und von da zur Selbstaufgabe gebracht werden. Sie hoffen es und versuchen, was geht. Sie möchten gerne, daß wir im Westen durch eigene Dekadenz plus Druck und Furcht zur ratenweisen Selbstaufgabe kommen.

In dieser Lage geht uns alle in der atlantischen Gemeinschaft nicht nur die gemeinsame Bedrohung von außen und die gemeinsame militärische Antwort darauf etwas an. Was in Rom oder in Paris, in London oder in Bonn, in Lissabon oder in Washington geschieht, berührt fundamental die Interessen eines jeden von uns. Wir, die in einem Boot zusammen sitzen, dürfen nicht aus lauter Vornehmheit durch falsche Rücksicht den eigenen Untergang mitbewirken! Schon Theodor Storm mahnte seine Söhne: »Blüte edelsten Gemütes ist die Rücksicht. Doch zu Zeiten sind erfrischend wie Gewitter goldene Rücksichtslosigkeiten!«
Die römischen Politiker entscheiden mit über die Zukunft meiner Familie wie die Bonner über die Sicherheit und den Fortschritt Italiens – ob wir es wollen oder nicht; ob wir es merken oder nicht.

Das Gleichgewicht ist in Gefahr! Wir fangen an, auf die schiefe Bahn zu kommen!
Ich kenne keinen Verantwortlichen im Westen, der an Krieg glaubt oder an Invasion; auch keinen, der die militärischen Anstrengungen der Sowjetunion für eine größere Gefahr hält als einige Bereiche der internen Verhältnisse, Zustände und Probleme innerhalb der freien Welt. Ich kenne einige, die Veränderungen und Erpressungen befürchten. Michel Jobert, früherer Außenminister Frankreichs, nennt auch gleich die strittigen Punkte: Jugoslawien und Neutralisierung der Bundesrepublik Deutschland. Und ich kenne viele Europäer, die sich durch Raymond Aron in ihren Gefühlen und Gedanken treffend artikuliert finden, wenn er in den USA »eine neue Form des Isolationismus« feststellt ...
Ein neues Gespenst geht um in Europa – das des verzagten Kleinmuts. Hinter strahlenden Fassaden zieht Pessimismus ein.

*

GRAUZONEN entstehen und verdunkeln das Bild. Strukturelle Arbeitslosigkeit, andauernde Inflation, soziale Spannungen, Reformruinen, Nostalgie statt Antwort auf die neuen Herausforderungen, Warten auf Aufschwung, zuwenig Hoffnung und zu geringe Chancen für zu viele junge Menschen trüben darüber hinaus die Stimmung. Die Krankheit anderer westlicher Länder läßt Zweifel an der eigenen Gesundung aufkommen und erschwert sie. Selbstquälerische Fragen gewinnen an Boden. Antworten bleiben aus. Wer verantwortet noch etwas? An wen kann man sich anlehnen? Was glauben? Wem vertrauen? Wem etwas zutrauen? Nach geistiger Führung, nach Konzeptionen und Zielen wird zu oft vergeblich Ausschau gehalten. Ein neuer

Ludwig Erhard ist nicht in Sicht, kein Adenauer, kein Kennedy, auch kein Churchill oder de Gaulle. So greifen Verwaschenheit und Verschwommenheit um sich, während Klarheit, Zivilcourage und Selbständigkeit schwinden. Keiner weiß, was Huhn und was Ei ist: unsere Depressionen oder die Rezession – oder umgekehrt?
Die Furcht vor dem Marxismus meint bei vielen – vor diesem Hintergrund – nicht nur diese Lehre in ihrem wissenschaftlichen Gehalt, nicht nur den Kommunismus. So präzise ist das nicht. Es ist mehr das Gefühl und die Ahnung von etwas anderem als dessen Definition. Gemeint ist: Eine andere Gesellschaftsordnung als die der Sozialen Marktwirtschaft, eine andere Republik als die des freiheitlichen und sozialen Rechtsstaates. Gemeint sind Abflachung und Einebnung prinzipieller Gegensätze; Überschneidungen und Überlappungen, wo gestern noch klare Grenzen und Konturen waren. Aus dem Entweder-Oder wird ein Sowohl-Als-auch. Das Ja bekommt ein Aber und aus dem Nein wird ein Vielleicht.
Gemeint ist genau das, was zum Ausdruck kam, als sich der deutsche Sozialdemokrat Heinz-Oskar Vetter, Vorsitzender des Deutschen Gewerkschaftsbundes, am 25. Januar 1976 in Rom, während man dort um das Ja oder Nein zum innenpolitischen Bündnis der Demokraten mit den Kommunisten kämpfte, öffentlich folgendermaßen ausdrückte: »Die Wirklichkeit ist, daß nunmehr zwei vollständig voneinander verschiedene Typen des Kommunismus bestehen, der von Moskau beherrschte und jener, der auf alle Weise die Wege einer nationalen Entwicklung zu finden sucht. Dieser zweite ist der italienische und bei weitem sympathischere.«
Gemeint ist nicht Willy Brandt. Aber auf ihn ist im Zusammenhang hinzuweisen: Er ist mit aller Energie dabei, den

westeuropäischen Sozialismus zu formen, ihm Gewicht zu geben, ihn international ins Spiel zu bringen – unter seiner Führung.
Sein Konzept schließt die Zusammenarbeit mit den Kommunisten auch innerhalb bestimmter Mitgliedstaaten des Nordatlantischen Bündnisses nicht mehr aus. Er sieht qualitative Veränderungen im Kommunismus: »Interessantes«. Daraus zieht er nicht die Konsequenz, einzuwirken, indem er Beweise durch Taten anmahnt, oder abzuwarten, bis die Tendenz, falls es sie gibt, festgefügt und selbst wirkkräftig geworden ist – nein: Er »wirkt ein«, indem er auf diese Schatten zugeht. Und das wird als Treffen auf der Mitte der Realität unter die Leute gebracht.
Brandt baut in Westeuropa die »Gegenkirche« zur Moskauer Heilslehre und -praxis auf – ein bißchen westlich von Dubcek. Er macht dem kommunistischen Block zu schaffen, ist ein Problem für das strenge Regiment der Moskauer über Ost- und Mitteleuropa; und eine Verlockung zugleich. Viele in diesem Block, bis hinein in die Führung, liebäugeln mit einem nationalen Kommunismus – jeder gerne ein Tito! – und sehen mit zunehmendem Interesse auf das Anwachsen des »demokratischen Sozialismus« à la Brandt, Kreisky, Palme, Nenni, Mitterrand, Soares in West- und Nordeuropa.
Dieser Sozialismus ist – es tut mir leid, aber es ist meine Meinung – zugleich eine Gefahr für die Freiheit: »Im Sozialismus spuken und wirken zuviel Neutralismus, ökonomische Doktrin, ideologische Verklemmtheit und mangelnder Realitätssinn, als daß aus ihm die Kraft erwachsen könnte, welche die Welt, welche Europa, welche Deutschland heute braucht, um die Probleme von morgen im Sinne der Freiheit lösen zu können. – Europa muß in seinem freien Teil mehr werden als ein Damm: eine anziehende Kraft mit Über-

schuß für offensive Funktionen der freien Welt, eine nicht aus Angst zusammengekrochene, sondern eine aus Überlegenheit wirkende Einheit! – Der Sozialismus, Doktrin des 19. Jahrhunderts, ist zu unmodern, zu undynamisch, zu sehr mit sich selbst beschäftigt, als daß er die Kraft entwickeln könnte, die wir heute brauchen.«
Das habe ich 1965 auf unserem Parteitag in Düsseldorf gesagt. Ich halte das heute noch für richtig.
Die Sozialdemokratische Partei Deutschlands sieht – nach ihrem Godesberger Programm – die Demokratie erst im Sozialismus erfüllt. Folgerichtig spricht sie vom demokratischen Sozialismus. Und das ist etwas anderes als soziale Demokratie!
Ich bezweifele nicht, daß die weit überwiegende Mehrheit der SPD gegen die Kommunisten ist. Ich bezweifele ebensowenig, daß in der SPD eine Renaissance des Marxismus stattfindet, daß sie eine andere Gesellschaftsordnung will.
Kommunisten fürchten die Freiheit und schaffen sie deshalb ab.
Sozialisten zwängen Freiheit in das Korsett von Planung, Lenkung, Zulassung, Organisiertheit.
Für jeden Marxisten aber ist »demokratischer Sozialismus« eine halbe Sache – lau, matt und müde: grau.
Dieses Halbgare genügt weder dem Ideologen noch dem Machtpolitiker. Für den Fall der Zusammenarbeit wird, so fürchte ich, am Schluß nicht dieser schwammige »demokratische Sozialismus« den kommunistischen Block im Osten und die kommunistischen Kader im Westen aufgeweicht und durchdrungen haben, sondern der Kommunismus wird sich mit seiner rigorosen Radikalität als stärker erweisen. Das gilt auch für die Zusammenarbeit zwischen demokratischen und kommunistischen Parteien. *Ein bißchen Marx hält Marx nicht auf!* Das Bißchen führt das Ganze herbei. Es

ist eine Illusion zu glauben, man könne Kommunisten durch Zusammenarbeit bekehren!
»Unsere Zeitgeschichte ist ein Friedhof von Leuten, die mit Kommunisten Allianzen eingegangen sind. Und wie steht es mit den Nationalkommunismen besonderer, ›menschlicher‹ Prägung? ... Man räuchert der offenen Gesellschaft und bleibt – einstweilen – ein hermetisches, verschworenes, hierarchisches, auf Erringung revolutionärer Macht gedrilltes Sondergebilde.« (NEUE ZÜRCHER ZEITUNG vom 8. 2. 1976, gez. E. M.)
Man kann nicht leugnen, daß es auch Einwirkungen der Sozialisten auf die Haltung der Kommunisten gibt: In Portugal hat Soares auf Cunhal eingewirkt, in Frankreich hätte ohne Mitterrands Wahlerfolge Marchais nicht seine Schachzüge gemacht. Nur: Der Kommunismus verändert sich auch im Schulterschluß mit dem Sozialismus nicht in seinem Kern! Und: Wer wollte übersehen, daß die Kommunisten umgekehrt auf die Haltung der Sozialisten einwirken? Ich halte es in der Volksfrontfrage mit John F. Kennedy: »Ich glaube nicht, daß ein Demokrat mit Erfolg auf diesem Tiger reiten kann; woran ich glaube, ist die Notwendigkeit der Zusammenarbeit der Großmächte zur Rettung des Menschen als Gattung, da wir sonst vernichtet werden können.« (Berlin, 26. Juni 1963.)
Kommunisten haben sich bisher nirgendwo als illegale Untergrundkämpfer, Meister der Tarnung, der Anpassung, der Täuschung, der Taktik geändert, wenn sie später – im Hellen – in die Salons einzogen. Kommunisten sind Überzeugte, Gläubige – von ihrer Sache durchdrungen, opferbereit, zielsicher, willig zu Verzicht, Opfer, Gehorsam. Da ist mit Mätzchen nichts zu machen – zumal sie das besser kennen.

*

DEMOKRATISCHER KOMMUNISMUS ist in aller Munde. Die kommunistischen Parteien Frankreichs, Italiens und Spaniens geben sich als Demokraten aus, bereit zur Zusammenarbeit wie zur Regierungsverantwortung.
Was hat es damit auf sich? Kann man dem glauben? Wohin führt das?
Schon Lenin, Erzvater der Sowjetunion, lehrte: »Die internationale revolutionäre Bewegung des Proletariats verläuft in den verschiedenen Ländern nicht gleichmäßig und nicht gleichartig, sie kann es auch gar nicht ... Jedes Land trägt zu der gemeinsamen Strömung seine eigenen wertvollen, originellen Züge bei.«
Niemand wird bestreiten wollen, daß für die zentrale Weltmacht des Kommunismus eine solche »Originalität« die Zügelung aller kommunistischen Parteien, die Bündelung ihrer Kraft zum gemeinsamen Vorteil, die Einfügung aller dieser Bataillone in den großen Versuch der Welteroberung nicht gerade erleichtert. Aber bis jetzt sehe ich nicht, wo Sonderkommunismen in Europa die Sowjetmacht ernsthaft in Frage gestellt hätten; wohl aber sehe ich, daß sie den eigentlichen, geschichtlichen Widerpart des Kommunismus, die freiheitliche Demokratie, zu schwächen geeignet sind.
Der »friedliche Übergang zum Sozialismus« ist ein altes Thema der Kommunisten. Schon Karl Marx lehrte: »Gewinnt z. B. in England oder den Vereinigten Staaten die Arbeiterklasse die Majorität im Parlament oder im Kongreß, so könnte sie auf gesetzlichem Wege die ihrer Entwicklung im Weg stehenden Gesetze und Einrichtungen beseitigen.«
Friedrich Engels hielt schon 1891 nichts mehr von einer gewaltsamen Revolution in jedem Falle: »Die Zeit der Überrumpelungen, der von kleinen, bewußten Minoritäten an der Spitze bewußtloser Massen durchgeführten Revolutio-

nen ist vorbei ...« (Aber die Sowjets sind – wie Portugal und Angola lehren – durchaus bereit, es mit der Gewalt zu versuchen, wenn sich eine Chance bietet.)
War es Verlegenheit oder Großmut, als Breschnew auf dem 25. Parteitag der KPdSU im Februar 1976 die unterschiedlichen Praktiken westeuropäischer kommunistischer Parteien nicht verdammte? Nach strenger Auslegung der herrschenden Sowjetlehre hätte er verschiedene westeuropäische kommunistische Parteien als »Reformisten« kritisieren müssen. Bei der Auslegbarkeit des Marxismus-Leninismus haben die Kommunisten aber noch immer einen letzten gemeinsamen Nenner gefunden, der im gemeinsamen Ziel besteht: Alle Welt soll, muß kommunistisch werden.
Die »verschiedenen Wege zum Sozialismus« sind ein altbekannter Hut und kein Problem für Moskau. Auf dem 20. Parteitag der KPdSU im Jahr 1956 trugen Togliatti und Thorez für die italienischen und französischen Kommunisten vor, »daß der sowjetische Weg nicht in jeder Hinsicht für andere Länder obligatorisch sein kann«. Chruschtschow erklärte bei gleicher Gelegenheit als Generalsekretär der KPdSU: In einer Reihe kapitalistischer Länder bestehe die reale Möglichkeit, »den reaktionären, volksfeindlichen Kräften eine Niederlage zuzufügen, eine stabile Mehrheit im Parlament zu erobern und *es aus einem Organ der bürgerlichen Demokratie in ein Werkzeug des tatsächlichen Volkswillens zu verwandeln*«. Er sprach ganz unverblümt davon, »den parlamentarischen Weg für den Übergang zum Sozialismus auszunutzen«.
Das ist inzwischen nie für falsch erklärt worden! Es besteht nicht der geringste Anlaß, daran zu zweifeln, daß die gegenwärtige Moskauer Führung genauso denkt.
Da das alles sehr wichtig ist, müssen wir es noch genauer betrachten: Niemand sollte übersehen, daß die Sowjetunion in

Ost-Berlin, Budapest, Prag und Warschau notfalls ihre Ideologie ohne Argumente, mit der Macht der Panzer, durchsetzen kann. In Rom, Paris und anderswo muß auch Moskau argumentieren – selbst mit den Genossen. Und einige dieser Genossen äußern sich kritisch zur Moskauer Wirklichkeit und wollen sich aus der Bevormundung durch russische Kommunisten lösen.

Ebensowenig sollte man diese Niederlage für die Moskauer nicht übersehen: Sie wollten vor ihrem Parteitag im Februar 1976 eine große Konferenz aller kommunistischen Parteien abhalten. Das haben sie nicht geschafft, weil der vom Satelliten DDR vorgelegte Entschließungsentwurf Widerspruch fand – vor allem von seiten der rumänischen, jugoslawischen, italienischen und französischen Kommunisten, wie man aus Belgrad hören konnte. Ja, man wehrt sich gegen die Moskauer Vorherrschaft. Nicht nur zum Schein. Der jugoslawische Kommunistenführer Grlickov hat die Gründe angedeutet: Umstritten seien »unter anderem noch die Form der Beziehungen zwischen den Bruderparteien, die Kontakte zur Sozialdemokratie, die Rolle der blockfreien Länder und die Beurteilung der Krise des modernen Kapitalismus« (DIE WELT, 3. 2. 1976).

Keiner *dieser* Gründe ist für mich ein Anlaß, das Urteil über den Kommunismus, auch über den von Moskau unabhängigen, zu ändern. Die Meinungsverschiedenheit besteht in Organisations- und Machtkämpfen, nicht in der Abkehr von jedweder Diktatur und der Hinwendung zu Freiheit und Menschlichkeit. Und das nicht auf Zeit, sondern ein für allemal. Erst hier wäre der Punkt, an dem wirklich »Interessantes« zu verzeichnen wäre!

Natürlich ist ein »nationaler« Kommunismus etwas anderes als Kommunismus in unseren Ländern, der sich – wie bisher – vor allem als Instrument Moskauer Machtpolitik begreift.

Ob das besser oder schlechter für die Sache der Freiheit wäre
– das steht dahin. Jeder Kommunist will eine andere Gesellschaftsordnung, einen anderen Staat, eine andere Welt! Der italienische Kommunismus ist zur Stunde für die Zukunft der Demokratie hochgefährlich!

In meinem politischen Leben habe ich gelernt, daß in undurchsichtigen Lagen nichts so falsch ist wie taktisches Verhalten und nichts so richtig wie eine prinzipientreue, grundsätzliche Antwort. So betone ich: Für mich bleibt auch der von Moskau unabhängige, »nationale« Kommunismus unannehmbar – auch als Koalitionsgenosse. Jeder Kommunismus ist unchristlich, unliberal, unsozial; verletzt die Menschenrechte, unterdrückt die Freiheit, etabliert eine reaktionäre, polizeistaatliche Ordnung; behindert Geist und Bildung, Wohlstand und sozialen Fortschritt. Der Kommunismus ist reaktionär. Wer mag schon, wenn er die Freiheit kennt, in China, in Rumänien, in Jugoslawien leben – also in kommunistisch regierten Ländern mit eigenem, »nationalem« Weg?

Muß man nicht, wird man hier einwerfen, die KP Italiens und Frankreichs anders sehen? Haben sich nicht Berlinguer in Rom und Marchais in Paris zur Demokratie bekannt, zum Mehrparteiensystem, zur Verfassung? Sind nicht die Kommunisten Italiens bereit, zusammen mit den Christlichen Demokraten die italienische Republik auf ein neues, solides Fundament zu stellen? Und hat nicht der Parteikongreß der französischen Kommunisten gerade die so wesentliche und prinzipielle Forderung nach der »Diktatur des Proletariats« – Kernpunkt aller kommunistischen Programme seit Karl Marx und Friedrich Engels – aus dem französischen KP-Programm gestrichen? Müssen nicht diese Parteien für die NATO sein, weil sie nur so ihren eigenen Weg unabhängig gehen können?

Gemach! Berlinguer erklärte nach LE MONDE vom 3. Februar 1976: »Natürlich werden unsere größten Anstrengungen darauf gerichtet sein, neue Wege für die demokratische Umwandlung unseres Landes und der anderen Länder Westeuropas in Richtung auf den Sozialismus zu öffnen.« Von neuen Inhalten ist hier nicht die Rede! Nur von neuen Wegen – zu den alten Zielen. »Vollständig ist auch unsere Bejahung der Demokratie und ihrer Regeln«, fährt Berlinguer fort.

Ulbricht hat das 1945 in Deutschland auch gesagt, an seine »Volks«-Demokratie gedacht und seine »Diktatur des Proletariats« eingeführt, indem er sie Demokratie nannte. Die Verfassung der DDR von 1949 beschrieb eindeutig ein parlamentarisch-demokratisches System. Entgegen diesem Text fand die »sozialistische Umwälzung« statt! Später, 1968, wurde der Wortlaut geändert.

Generalsekretär Marchais, Chef der Kommunistischen Partei Frankreichs, ließ im Februar 1976 nicht nur die Forderung nach der »Diktatur des Proletariats« aus dem Parteiprogramm streichen. Er kritisierte »gewisse Vorkommnisse« in der Sowjetunion und warb dann »für den französischen Weg zum Sozialismus«. Bei aller Distanz zu den Moskauern stellt Marchais trotzdem lobend fest, daß in der Sowjetunion niemand ausgebeutet werde, daß dort Demokratie herrsche, auch in den Betrieben, und »Gleichheit der Chancen«.

Was soll da sein Wort, Sozialismus sei Freiheit? Meinte er es so wie wir, würde er nicht nur »Vorkommnisse« in der Sowjetunion kritisieren, sondern die Diktatur dort! Aber das kann er nicht, und das will er nicht; denn er hat keine generellen Einwände gegen die sowjetische Staats- und Gesellschaftsordnung. Der Beifallsorkan des kommunistischen Parteitages in Paris galt Andrej Kirilenko, Mitglied des Politbüros der Kommunistischen Partei der Sowjetunion.

Sind diese Einwände nicht zu sehr von Skepsis getragen, von Mißtrauen und übertriebener Vorsicht?
Kommunisten gegenüber kann man nicht vorsichtig genug sein. Unsere deutsche Erfahrung genügt: Im Jahre 1945 veröffentlichten die deutschen Kommunisten einen »Aufruf« mit folgendem plakativen Versprechen ihres damaligen Führers Wilhelm Pieck: »Wir sind der Auffassung, daß der Weg, Deutschland das Sowjetsystem aufzuzwingen, falsch wäre!« Und was geschah mit dem Teil Deutschlands, den durch die Schuld Hitlers Russen und Kommunisten beherrschen? Das Gegenteil! Dort hatte die Sozialistische Einheitspartei versprochen: »Die SED kämpft um diesen neuen Staat auf dem Boden der demokratischen Republik.« Sie sagte eine parlamentarisch-demokratische Republik mit allen Rechten und Freiheiten für das Volk zu. Sie hat nichts davon eingehalten.
Zugegeben, Berlinguer formuliert weniger hölzern. Aber in der Sache selbst doch nicht anders!
Wenn Berlinguer sagte: »Wir erkennen der privaten Initiative einen breiten Raum innerhalb einer öffentlichen nationalen Programmierung zu«, und wenn Amendola 1975 dem SPIEGEL versicherte: »Wir respektieren die Regeln der parlamentarischen Demokratie«, man würde sich auch wieder abwählen lassen, so überzeugt mich das im Lichte der deutschen Erfahrung nicht. In der DDR gibt es formal auch mehrere Parteien und die Verfassung enthält die schönsten verbalen Ornamente. Keiner redet so viel von Humanität und Demokratie wie die Kommunisten – und keiner ist so inhuman und undemokratisch!
Viele haben Hitler weder gelesen noch gehört, noch seine Forderungen ernst genommen. Alle haben das teuer bezahlt!
Man sollte auch Kommunisten ernst nehmen, ganz ernst.

Die KP Italiens ist – nach ihren eigenen Worten – für »Demokratie«, »Pluralismus«, »Koalition« und »Kompromiß«. Wer liest da schon weiter? Wer hört genauer hin? Es lohnt: Der Chefideologe der italienischen Kommunisten äußerte sich im Februar 1976 in der Parteizeitung L'UNITÀ. Er verwarf die »Diktatur des Proletariats« und ersetzte sie durch die »Hegemonie der Arbeiterklasse«, die durch einen »neuen Machtblock« wirksam werde. Diesem Block gebühre Führung und Entscheidung sowie Gewaltanwendung im Interesse der Arbeiterklasse. Es gehe eben nicht »ohne rigorose Aktionen« . . .
In einem sind sich alle Kommunisten einig – von Breschnew bis Berlinguer, von Mao bis Marchais, von Honecker bis Gierek und Ceaucescu: Sie alle wollen unsere freiheitliche Ordnung zerschlagen!
Ich halte – um es nochmals zu sagen – jeden Kommunismus für unannehmbar, auch den nationalen, auch den von Moskau unabhängigen. Natürlich ist mit den Entwicklungen unter den Kommunisten in Rom und in Paris etwas passiert. Was genau, weiß kein Außenstehender mit hinlänglicher Gewißheit. Es könnte mehr sein als eine taktische Wende im Sinne Lenins. Hier könnten die Ereignisse zu einem ideologischen Eigenlauf führen. Dann würde der europäische Kommunismus nicht mehr nur, ausschließlich, ein Herrschaftsinstrument der Sowjetunion sein; er bliebe es aber ganz überwiegend. Und auch die »nationalen« Kommunisten wollen Freiheit für sich und Unfreiheit für alle andern. Die Sowjetunion bleibt das Vorbild – auch wenn man lieber selber kommandiert, als sich von dort reglementieren zu lassen.
Ich wüßte einen Weg, wie sich die westeuropäischen Kommunisten in den Augen der Demokraten als parlamentarische Partner glaubwürdig machen könnten: Sie alle haben

gute Verbindungen zur SED in Ost-Berlin und zur DDR. Ihre Delegationen bevölkern die Emporen der SED-Parteitage und werden wie Pretiosen im »Staat der Arbeiter und Bauern« herumgereicht. Nun denn: Sie wollen sich – aus Überzeugung – auf das parlamentarisch-demokratische System einlassen? Sie wollen sich auch wieder abwählen lassen, wenn es dahin kommt? Sie halten also den Wechsel demokratischer Macht für eine Institution, von der sie sich sogar die Macht, die sie selbst in Händen halten, wieder nehmen lassen? Wenn dem so ist – dann sollten sie dafür eintreten, daß in der DDR der demokratische Machtwechsel möglich wird. – Die westeuropäischen Kommunisten wollen glauben machen, sie stünden den Demokraten näher als den Sowjetkommunisten? Nun gut: So sollen sie die Einführung des parlamentarisch-demokratischen Systems im anderen deutschen Staat verlangen.
Wenn sie dies zu bewirken vermögen, demokratische Freiheit im andern deutschen Staat, dann sollte man sie als parlamentarische Partner annehmen. Sie hätten sich um die Demokratie in Europa verdient gemacht.
Bis dahin tun Politiker und Wähler gut daran, für die Praxis den Kommunismus als das zu nehmen, was er in der Sowjetunion ist. Es gibt bis zur Stunde aus den kommunistischen Zentralen in Paris und Rom keine Verurteilung der Staats- und Gesellschaftsordnung der Sowjetunion. Es gibt nur verhaltene Kritik an Randerscheinungen.
Wo hat Cunhal, wo Marchais, wo Berlinguer der Taktik Lenins abgeschworen, wo wirklich die Diktatur verworfen? Wo sind sie gegen Mauer und Schießbefehl vorstellig geworden? Wo haben sie sich für Menschenrechte und Meinungsfreiheit verwendet? Wo im Kirchenkampf die Religion unterstützt? Welche Garantien geben sie, daß Geheimpolizei, Arbeitslager, Irrenanstalten, Abschaffung der

freien Presse, der freien Gewerkschaften, des privaten Eigentums und des Streikrechtes nicht zu ihren Instrumenten gehören?
Die Annahme, im Kommunismus gebe es inhaltliche, qualitative Veränderungen, ist eine Illusion. Illusionen soll man nicht erliegen. Ich jedenfalls will nicht zum Sympathisanten dieser neuen, diesmal linken Diktatur werden. Es ist wie bei Hitler: Allein schaffte er es nicht. Seine Sympathisanten machten ihn möglich, verhalfen ihm zur Mehrheit.
Ich sympathisiere nicht!
Wer in der Welt weiß nicht, daß in den Verfassungen der Sowjetunion wie der DDR fabelhafte Kataloge von Grund- und Freiheitsrechten stehen? Auf dem geduldigen Papier stehen! Die Wirklichkeiten sind anders. Solschenizyns »Archipel Gulag« bezeugt das, und der Kampf der Männer um Sacharow. Kein Kommunist hat eine Hemmung, die Menschenrechtserklärung der Vereinten Nationen zu unterschreiben – und zu Hause anders zu handeln! Wirft man ihm die völker- und menschenrechtswidrige Wirklichkeit vor, werden ihm nicht Worte fehlen, seine Sklaverei als das »wirkliche« Paradies »echter« Freiheit lobend herauszustellen.
Man meint nicht dasselbe mit denselben Worten!
In der Moskauer PRAWDA schrieb Ende Dezember 1975 G. Schachnasarow – wohl als eine Antwort auf Sacharow – zu den Forderungen nach Liberalisierung in der Sowjetunion: »Wir weisen kategorisch die Forderungen nach einer sogenannten Liberalisierung des Regimes zurück, weil diejenigen, die von Menschenrechten und vom sogenannten Pluralismus eines politischen Systems sprechen, uns diese Begriffe in ihrer bürgerlichen Interpretation aufzwingen wollen.« Die westliche Vorstellung von Pluralismus gebe den Interessen der verschiedenen Gesellschaftsschichten keinen

Ausdruck, sondern diene ihrer Spaltung und der Bildung einer politischen Opposition. Dadurch würden die revolutionären Errungenschaften der Werktätigen in Frage gestellt und ein »freies Spiel« der Kräfte einschließlich der antisozialistischen befürwortet. Eine solche Vorstellung sei für die Sowjetunion nicht akzeptabel. Diejenigen, die für die Menschenrechte in der Sowjetunion einträten, schreibt Schachnasarow weiter, seien nicht interessiert an »der freien und allseitigen Entwicklung des Individuums«, sondern lediglich daran, sich der Menschenrechte »zu Aktionen gegen das sozialistische System zu bedienen« (DIE WELT, 29. 12. 1975).

Das ist ein ehrlicher Text: Wo Kommunisten regieren, gibt es nur eine Partei, keine Opposition, keine andere Meinung! Auch Roy Medwedjew, ein russischer Kritiker Solschenizyns, bestätigt: »Es ist wahr, daß wir in unserem Land keine wirklichen Wahlen haben, keine unabhängige Presse und keine wahrhaft freie, politische, wissenschaftliche oder literarische Betätigung. Und es ist absolut zutreffend, daß wir in unserem Land keine unabhängige Justiz haben und keine Gewerkschaften, die nicht von der Partei kontrolliert würden.« (DIE ZEIT, 16. 4. 1976.)

Zu den deutschen Erfahrungen mit Kommunisten gehört auch das Schicksal, das Manfred Klein 1947 in Ost-Berlin widerfuhr: Manfred Klein kam aus der Katholischen Jugend. Er hatte Hitler und Krieg durchgestanden, ohne braune Flecken zu bekommen. Er arbeitete mit Jakob Kaiser in der CDU in Ost-Berlin und vertrat die CDU im Zentralrat der »Freien Deutschen Jugend« (FDJ). Sein Gegenspieler war Honecker, damals Vorsitzender des Zentralrates der FDJ, heute kommunistischer Parteichef der DDR. Manfred Klein brachte eine Resolution gegen die Erziehung der Jugend zur Gewaltanwendung ein. Honecker setzte Klein sehr zu, diese Resolution zurückzunehmen. Klein bestand auf seiner Politik. Daraufhin verhafteten ihn die Russen und klagten ihn unter anderem des »Verbrechens« an, Konrad Adenauer in Rhöndorf besucht zu haben. Manfred Klein wurde zu 25 Jahren Zwangsarbeitslager verurteilt. In einem der Verhöre erklärte der russische Untersuchungsoffizier: Es habe keinen Zweck, auf die Zukunft zu hoffen; sie werde kommunistisch sein; man bereite sich ernsthaft auf konkrete Aufgaben in Schleswig-Holstein vor ...

Es gibt ganze Bibliotheken voller Bücher über die Wirklichkeiten in der kommunistisch beherrschten Welt. Propaganda und Wahrheit, Information und Ressentiment stehen da, Band für Band, nebeneinander.
Ich habe aus der Fülle vier Stimmen herausgesucht, die ich für wesentlich halte.
Was also ist kommunistische Wirklichkeit?

Erstens:
In einer offiziellen Darstellung des Sowjetstaatsrechts ist zu lesen: »Der Staat allein ist die Quelle der persönlichen Rechte der einzelnen ... Hieraus folgt der fundamentale Grundsatz unserer Gesetzgebung und unseres Zivilrechtes, den die bürgerlichen Theorien niemals anerkennen werden: *Alles, was nicht speziell erlaubt ist, ist verboten.*« (Malitzky: Das Sowjetstaatsrecht, Juristischer Verlag des Kommissariats für Justiz in der UdSSR, Charkow 1926, S. 14.)
Ich will nur in einem Staat und in einer Gesellschaft leben, in denen grundsätzlich alles erlaubt ist, was nicht die Gesetze ausnahmsweise verbieten; in denen die Gesetze selbst an die

Grenzen der vorgegebenen Menschenrechte und der Verfassung gebunden sind.

Zweitens:
Der mit dem Nobelpreis ausgezeichnete russische Atomphysiker A. D. Sacharow schreibt in seinem Buch »Mein Land und die Welt« (Wien–München–Zürich 1975, S. 99 und 36): »Bis zum heutigen Tag bedeutete der Sozialismus überall unausweichlich ein Einparteiensystem, die Herrschaft einer habgierigen und unfähigen Bürokratie, die Enteignung des Privateigentums, den Terror der Tscheka und aller seiner Synonyme, die Vernichtung von Produktivkräften und ihre Wiederherstellung und Entwicklung um den Preis maßloser Opfer des Volkes und die Vergewaltigung der Gewissens- und Meinungsfreiheit.« Der Sowjetbürger »weiß, daß auch heute noch sein persönliches Schicksal völlig vom Staat abhängt, vom unmittelbaren oder mittelbaren Vorgesetzten, vom Vorsitzenden der Wohnungskommission, vom Vorsitzenden des Gewerkschaftskomitees, der, wenn er will, sein Kind im Kindergarten unterbringen kann oder auch nicht, und möglicherweise von dem mit ihm Schulter an Schulter arbeitenden Informanten des KGB ... Der Sowjetbürger ist das Produkt einer totalitären Gesellschaft.«

Drittens:
Igor Schafarewitsch beantwortet die Frage, was kommunistischer »Sozialismus« sei, in den »Stimmen aus dem Untergrund« (Darmstadt–Neuwied, 1975, S. 33 ff.) unmißverständlich: »Der Religion liegt ebenfalls die Vorstellung von der Gleichheit aller Menschen zugrunde, sie wird jedoch in der Berührung mit Gott, d. h. in einer höheren Sphäre des menschlichen Daseins, erreicht. Der Sozialismus dagegen

strebt, wie die oben angeführten Beispiele deutlich zeigen, die Verwirklichung der Gleichheit auf dem entgegengesetzten Wege an, nämlich durch die Vernichtung aller höheren Seiten der Persönlichkeit. Auf dieses Verständnis der Gleichheit können die sozialistischen Prinzipien der Gütergemeinschaft und der Zerstörung der Familie zurückgeführt werden, und es erklärt den Haß auf die Religion, von dem die sozialistische Ideologie durchtränkt ist.«

Viertens:
In der Sprache der wissenschaftlichen Forschung klingt das so: »Gegenüber 1973 fiel in den hier abgegebenen offiziellen und offiziösen Stellungnahmen eine allgemeine Verschärfung der Diktion und eine Häufung der Angriffe gegen die akuten Ausprägungen des ideologischen Nonkonformismus auf. Ziele der Angriffe waren die undogmatische Rezeption westlichen Denkens in den Humanwissenschaften, Nonkonformismus in der bildenden Kunst, im Theater, Film und in der Literatur, das Aufbrechen nationalen Bewußtseins ... und schließlich das neue religiöse und philosophische Bewußtsein bei Teilen der jungen Generation ... Besonders einschneidende Maßnahmen würden gegen national gefärbte Strömungen ergriffen ... Nach den freien Baptisten ist wahrscheinlich die mit Rom unierte griechisch-katholische Kirche in der Westukraine und in West-Weißrußland die größte Untergrundkirche ... Trotz der seit 1971 unablässig anhaltenden systematischen Verfolgung haben die Dissidenten und ›Samisdat‹ [unzensiertes kritisches Schrifttum] auch 1974 lebendiges Zeugnis von der Existenz eines geistigen und politischen Nonkonformismus in der UdSSR abgelegt. Eine ›Endlösung‹ des Dissidentenproblems ist für die sowjetischen Politiker und Behörden auch heute nicht in Sicht.« (Aus: Sowjetunion 1974/75,

Herausgeber Bundesinstitut für ostwissenschaftliche und internationale Studien, München 1975, S. 70 ff.)

*

VOLKSFRONT-EUROPA ist gleichwohl im Gespräch. In Frankreich eroberten Sozialisten und Kommunisten als »Volksfront« vereint bei den Kommunalwahlen vom März 1976 eine stattliche Mehrheit. Viele Sozialisten liebäugeln auch anderswo mit dem Gedanken an eine solche Zusammenarbeit, wie – zugegeben – auch einige Christliche Demokraten Italiens ein Zusammenwirken mit den Kommunisten nicht mehr ausschließen.

Was bewegt nur Schwedens Ministerpräsidenten, den Sozialisten Olof Palme, wenn er – die Nazis im Gedächtnis, die DDR vor der Tür – zu den Vorgängen innerhalb des europäischen Kommunismus erklärt: »Es muß doch ein Vorteil sein, wenn diese Parteien sich zu demokratischen Freiheiten und Rechten zu bekennen beginnen, wenn sie grundlegende menschliche Rechte verteidigen wollen, wenn sie die Schlagkraft des Reformismus bei der Gesellschaftsveränderung einzusehen anfangen. Sollte das so weit gehen, daß sie in konkreter Handlung die Proklamation ›keine Demokratie ohne Sozialismus, kein Sozialismus ohne Demokratie‹ mit Leben erfüllen, so haben sie nicht nur Rosa Luxemburgs Grundthese vom Sozialismus akzeptiert, sondern auch die grundlegenden Wertungen der Sozialistischen Internationale.« (FRANKFURTER ALLGEMEINE ZEITUNG, 24. 2. 1976.)

Rosa Luxemburg als Säulenheilige des neuen Zeitalters? Sie hat in Deutschland die Sozialdemokratische Partei verlassen und zusammen mit Liebknecht die Kommunistische Partei Deutschlands gegründet. Sie wird auch in Moskau verehrt –

wenn auch mit Vorbehalten, wie die Unterdrückung ihres Buches über die russische Revolution mit der Kritik an Lenin zeigt. Wer mit Kommunisten sympathisiert oder zusammenarbeitet, verläßt die Solidarität der Demokraten zugunsten der Solidarität der Sozialisten, öffnet denen Tür und Tor, die gekommen sind, uns das zu nehmen, was das Wichtigste ist: Selbstbestimmung und Freiheit.

Philipp von Mazedonien, der Vater Alexanders des Großen, soll immer zuerst versucht haben, eine Stadt von innen zu erobern – durch Verrat und durch Gold –, weil das sicherer und billiger wäre als Belagerung und Sturmangriff. Warum halten unsere Soldaten die Moskauer wirksam davon ab, uns mit ihren Panzern zu überrollen, wenn wir den Kommunisten innen die Sessel anbieten? Der Verrat unserer Tage ist die Abkehr von den anderen Partnern der Demokratie und die Hinwendung zu den Kommunisten. Als Gold dient dabei die Verlockung und Verblendung des angeblich qualitativen Wandels der Kommunisten.

Zu diesem Kampf gehört nicht nur, daß jeder von uns in seinem Lande die Kommunisten vor der Tür hält. Dieser Kampf muß auch europäisch geführt werden.

Nach der Konferenz von Helsinki und angesichts der Volksfront-Gefahren in Europa sollten die großen Parteien in Europa sich auf den demokratischen Konsens, auf diese innere Koalition, auf die europäische Solidarität der Demokraten besinnen. (Ich halte an diesem Begriff trotz der verbalen Mißbräuche, denen er in Deutschland ausgesetzt ist, fest.) Die Demokraten Europas sollten übereinkommen, niemals und nirgends eine nötige Majorität aufzufüllen, indem sie die demokratiefeindlichen Extremisten von Rechts- oder Linksaußen mit heranziehen. Lieber sollte der zahlenmäßig Schwächere die Minderheitenregierung des stärkeren Demokraten tolerieren. Das würde vielen Extre-

misten die Lust und die Chance nehmen. Das würde Regierungen der Mitte allüberall erzwingen. Das würde am Schluß allen nützen.
Es ist also zu fordern: Keine sozialistische Gruppierung nimmt die kommunistische, keine christlich-soziale, christlich-demokratische oder konservative Gruppe nimmt rechtsradikale Unterstützung an.

Die Stärke der Kommunisten in Europa ist für mich kein Hinderungsgrund, Europa zu vereinen. Im Gegenteil: Die Stärke der Kommunisten ist ein Grund, uns mit dem Einigungswerk zu beeilen!
Einige sind da anderer Meinung: Wollen sie wirklich mit diesem unsicheren und übermorgen wohl kommunistischen Italien in einem Bundesstaat Europa leben?
Würden wir so abwarten und zögern, würde mit dem europäischen Fortschritt die nötige und mögliche soziale und wirtschaftliche Entwicklung in anderen Ländern unterbleiben. Neuer Nährboden für mehr Kommunismus würde entstehen. Das nächste Land würde in die Krise kommen, weil keines unserer europäischen Länder mehr imstande ist, das Gemeinwohl allein und ohne europäischen Verbund zu verwirklichen.
Unsere Europäische Gemeinschaft hat noch nicht die Rechte und die Instrumente, welche sie braucht, um ihre Ziele im Interesse der Völker zu erreichen. Und die Mitgliedsländer haben diese Instrumente und Rechte nicht mehr. Wenn wir in diesem Zustand verharren – der eine kann noch nicht, der andere nicht mehr –, werden Europa und unsere Länder schweren Schaden nehmen! Nutznießer wären die Extremisten von Links- und Rechtsaußen, die Faschisten, die Nationalisten, die Kommunisten. Die Zeche zahlten die Völker – vor allem der kleine Mann.

Europa kann nicht werden ohne gemeinsame Politik, und diese wird es nicht geben ohne parlamentarische Kontrolle. Schon wird eingewandt: Das Europäische Parlament könne man doch nicht mit wirklichen Vollmachten ausstatten, weil man dann den Kommunisten Europas einen Tummelplatz für Zerstörung und ein Tribunal für Propaganda eröffne. Für viele, die das sagen – Politiker, Regierungen, Verbände, Zeitungen –, ist das, wie mir scheint, ein willkommener Vorwand. In Wahrheit wollen sie Europa nicht. Sie verstekken sich hinter dieser kommunistischen Gefahr.
Weil ich den Europäischen Bundesstaat will, will ich das Europäische Parlament – durch freie, gleiche und geheime Wahlen. Wenn die Völker auch Kommunisten wählen, hat der Souverän entschieden. Sollten diese, wie hier und da vermutet wird, etwa zwölf Prozent der Sitze erhalten, muß man sie auf diesen Sitzen parlamentarisch, politisch und publizistisch bekämpfen wie in den Wahlkämpfen zuvor und danach. Es ist besser, diese Leute zu zwingen, ihre Politik öffentlich zu vertreten und auf den Tisch zu legen, was sie durchsetzen wollen, als sie im Dunkeln, im Untergrund wirken zu lassen. Und für jede Entscheidung müssen die Demokraten auch im Europäischen Parlament die Mehrheiten unter sich suchen, die Kommunisten also »links liegenlassen«. Kein Demokrat nimmt Hilfe von denen an, die ihn beseitigen wollen!
Wir erörtern hier eine für unsere Zukunft sehr wesentliche Frage. In der politischen Landschaft nach der Konferenz von Helsinki zeigen sich Ost-West-Fragen in die Mitte, in den Westen und den Süden Europas verlagert. Das Volksfrontproblem ist eine Lebensfrage. Es entstand in dieser Schärfe, *weil der deutschen Ostpolitik das unbedingt dazugehörende Gegenüber an deutscher Westpolitik fehlte!* Die Spannung ist nun nicht mehr auf Berlin beschränkt. Sie be-

steht jetzt auch in Rom und Paris, in Madrid und in Lissabon; an vielen westlichen Plätzen!
Brandt hat die politische Vereinigung des freien Europa auf »die nächsten Generationen« vertagt, aber die gesamteuropäische Konferenz beschleunigt herbeigeführt. Bindungen nach Osten stehen Lockerungen nach Westen gegenüber: Die politische Union des freien Europa hätte eine unwiderrufliche Sache sein müssen, bevor man nach Helsinki ging! Die Balance ist wackelig geworden, die Gefahren des Abgleitens Europas sind gewachsen.
Ich hatte davor gewarnt und gefordert, man solle ostpolitische Schritte mit westpolitischen Initiativen koppeln. Ich hatte »Stufenpläne« nach beiden Richtungen vorgelegt. Als in Bonn das Gegenteil geschah, versuchte ich – schwierig für die Opposition! –, an Deutschland gerichtete westpolitische Initiativen aus dem Westen zu erreichen. Es kam nicht viel in Bewegung. Wo guter Wille war, dauerte es zu lange. Man war weitgehend dafür, daß Deutschland sich selbst schwächte.
Man übersah, daß damit Europa ein anderes Gesicht bekam. Das konstruktive Mißtrauensvotum vom 27. April 1972 sollte das Ruder herumwerfen. Verrat hat das verhindert. Es gelang nur – im anschließenden Patt –, den Ostverträgen die Giftzähne zu ziehen.
Es wird schwer sein, das alles wieder aufzuholen; wieder Ausgewogenheit herzustellen. Aber es muß geschehen! Wir sind schon auf der schiefen Bahn. Noch ist es nicht zu spät, das Richtige zu tun! Westpolitische Stabilisatoren sind das Gebot der Stunde.

Was wollten die Kommunisten erreichen? Freiheit von der Ausbeutung des Menschen durch den Menschen, wie sie sagen.

Wie ist die Wirklichkeit?
Der Kommunismus in Europa ist – bisher – überwiegend zum Herrschaftsinstrument der Sowjetunion geworden – und nicht, wie vielleicht auf anderen Kontinenten, eine soziale Bewegung!
Die europäischen Kommunisten geben vor, zu befreien: Wo sie aber die Macht haben, können sie diese nur halten durch unbarmherzige Diktatur, durch Unterdrückung der Menschen. Kommunismus in Europa heißt: Unterdrückkung des Selbstbestimmungsrechtes. Die böseste Ausbeutung des Menschen durch den Menschen findet in Europa überall dort statt, wo Kommunisten regieren. Sie haben den Polizeistaat in Perfektion erfunden und sind exakte Meister, ihn zu erhalten.
Auf der einen Seite zollen die Kommunisten in ihrem Herrschaftsbereich – entgegen ihrer Lehre – zögernd und widerwillig in einigen Fragen der auf Persönlichkeit und Freiheit angelegten menschlichen Natur ihren Tribut, auf der anderen Seite glauben sie, der Westen sei nun auf dem Wege in seine Endkrise.
Der Spielraum, den Kommunisten manchmal da und dort hinsichtlich des künstlerischen Geschmacks gewähren, ist eine Sünde gegen den Geist ihrer Weltanschauung; die Prinzipien des Gewinns und der »materiellen Interessiertheit« erkennen sie gegen ihre Ideologie an; und die Tatsache, daß in der Sowjetunion aus weniger als 2 % privater landwirtschaftlicher Nutzfläche 25 % der landwirtschaftlichen Produktion stammen, ist natürlich ein Fremdkörper im Fleisch des kommunistischen Kollektivismus.
Nicht nur Sozialpolitiker werden im Westen hellwach, wenn Parteichef Breschnew mit dem Blick auf die Sowjetunion erklärt, »wie wichtig eine Verstärkung der Rolle des Arbeiters in der Produktion sei, da sich viele darüber be-

klagten, daß sie von den Entscheidungsprozessen ferngehalten würden«.

*

BILANZ zu ziehen, ist nun geboten.
Warum geht nichts wirklich weiter zwischen Ost und West? Die Konferenz in Wien dreht sich im Kreise. Statt innerdeutscher Entkrampfung erleben wir Verhärtung. Um Berlin wird nach wie vor gestritten. Im Nahen Osten ist nichts an der Moskauer Position milder geworden. In Afrika haben die Kommunisten Fuß gefaßt. Was ist der Grund dieser wachsenden Verhärtung der kommunistischen Akteure?
Die Antwort ist klar:
Den Kommunisten bleibt die Lage im Westen nicht verborgen. Viele von ihnen glauben, das gegenwärtige Erscheinungsbild des Westens sei strukturell und zeige den unaufhaltsamen Untergang der freien Welt an, die demokratisch und mit Wettbewerb nicht mehr zu regieren sei. Manche kommunistische Ideologen wollen heute keine Konzession machen an Leute, die morgen noch schwächer und billiger sein werden.
Es wäre verhängnisvoll für die Zukunft der Welt, wenn Verantwortliche in der Sowjetunion das wirkliche Kräfteverhältnis falsch einschätzen würden – nur weil hier im Augenblick Epigonen am Werk sind, die nicht merken, daß der Westen, dieser schlafende Riese, alle Trümpfe zur Hand hat. Er muß sie nur – friedlich und kooperativ – greifen! Disparität besteht nur im Willen und in der Zahl, aber nicht in der Qualität der Waffen; sonst in nichts!
Die Bäume der Moskauer sind nicht in den Himmel gewachsen. Auch dort gibt es Soll und Haben in der Bilanz.

Das Haben: Man nimmt Rücksicht auf die Sowjetunion, überall in der Welt, vor allem in Europa. Kuba ist für die Kommunisten gefestigt und hilft weltweit. Angola ist hinzuerobert. Man hat eine gewaltige Lufttransportkapazität. Auf den Seewegen der Welt ist man strategisch unübersehbar präsent. Im Bereich des Warschauer Paktes rumort es weniger. Die Helsinki-Konferenz war ein halber Sieg. Militärisch ist man stärker geworden. Im Weltraum hat man Ruhm erworben. Bei Öl, Gas, Kohle, Stahl, Zement und Roheisen führt man die Liste der Weltproduktion an. Mit den USA könnte man, wenn man wollte, weitere nützliche Abreden treffen und mit vielen den wirtschaftlichen Austausch vergrößern.
Das Soll: Andererseits ist man in Moskau enttäuscht über Chile, Portugal, Ägypten und den Nahen Osten; über die kommunistischen Parteien Westeuropas. Der Streit mit China zehrt an den Kräften und bewirkt hier und da Alpträume. Der kommunistische Sieg in Vietnam bringt wenig in die Moskauer Scheune. Man hatte eine katastrophale Mißernte, konnte ohne Getreideeinkäufe in der freien Welt nicht auskommen, mußte die Plan-Daten herabsetzen und rechnet mit dem niedrigsten Wirtschaftswachstum der eigenen Nachkriegsgeschichte. Die Bevölkerung aber erwartet besseren Konsum. Sacharow und seine Freunde machen zu schaffen; sie berufen sich auf Helsinki, und der Westen mahnt die menschliche Entspannung an. Ohne Geld, Wissen und Technik aus dem Westen wäre vieles unmöglich, was jetzt noch geradeso geht! – Moskau hat sich im Westen hoch verschuldet, ist in den Kreislauf des Wirtschaftsaustausches der Welt einbezogen und auch abhängig von der Konjunktur in der Welt, vor allem im Westen. Wenige beginnen zögernd – entgegen der gestrigen Meinung – sich einzugestehen, daß es in der freien Welt wirtschaftliche und

soziale Probleme gab und gibt, aber keine Katastrophe, keine vorrevolutionäre Phase, keinen Zusammenbruch der freiheitlichen Ordnung. Ist es wirklich nur eine Rezession im Westen – nicht der Anfang vom Ende? So fragen sich nun diese Ideologen. Und Technokraten hoffen heimlich auf den Aufschwung im Westen, weil das einige der Moskauer Probleme leichter lösbar machen kann.
Wären die Kommunisten überlegen, wie es ihre Ideologen und Propagandisten behaupten, so könnten sie auf Mauer, Stacheldraht und Schießbefehl in Deutschland verzichten; dann würden sie wenigstens die Arbeiter und Bauern frei reisen lassen; dann würden sie die Wiedervereinigung Deutschlands verlangen, nicht aber dieses Ziel aus dem Programm streichen! Warum muß der Kommunismus Wissen und Technik und Getreide bei uns einkaufen? Warum hier Kredit nehmen? Weil er überlegen ist? Wären die Kommunisten sich ihrer Sache sicher, müßten sie dann nicht auf Macht durch freie Wahlen setzen statt auf »Diktatur des Proletariats«?
Die Kommunisten sind in ihrem Herrschaftsbereich geistig in der Defensive: Die Moskauer PRAWDA verteidigt die dortige Ordnung. Also gibt es offensive Kritik – nicht nur von draußen. Warum gibt es Aufsätze gegen »Kleinbürgerlichkeit« und »Konsumentendenken«? Warum muß man Statistiken über Heiraten mit Ausländern veröffentlichen? Warum wettert man »gegen importierte Meinungen«? Weil sie nicht da sind? Warum verteidigt man sich gegen »Behauptungen«, daß man »Dissidenten« in »Irrenhäuser« stecke?
Halten die Kommunisten die Koexistenz nicht aus?
Die Entwicklung im kommunistisch besetzten Teil Europas läuft anders, als die Kommunisten es wollten und dachten: Die kommunistische Ideologie erweist sich trotz des

Zwanges, der in ihrem Namen ausgeübt wird, als zu schwach, alle Wirklichkeiten zu ändern. Das Nationale gewinnt an Bedeutung; die Kraft der Religion bleibt wie die der Familie; die menschliche Natur hat dem Kommunismus in vielen Bereichen des Politischen, des Ökonomischen und des Geistes Bewegungsraum abgetrotzt, der eines Tages Freiheit heißen könnte.

Die Kommunisten, im Zwang, die für ihre Politik zu schwache ökonomische Basis zu stärken, beginnen zu ahnen, daß sich Produktivität nicht unter Druck erreichen läßt. Die Konsequenz wird ihnen bitter; zögernd ziehen sie diese, und soweit sie das tun, tun sie es gegen ihr Programm. Sie beginnen zu ahnen, daß ihre ökonomische und soziale Politik nicht zu Ergebnissen führt, die ausreichen, die ehrgeizigen innen- und außenpolitischen Ziele ernsthaft und alle zugleich ansteuern zu können.

Die kommunistischen Herrscher beginnen zu sagen, wo sie der Schuh drückt: Nur durch »schnelleres Wachstum der Arbeitsproduktivität« – so Breschnew wie Honecker – könnten sie weiter nach vorn kommen. Untragbar seien – so kürzlich Breschnew – »Arbeitszeitverluste, Stillstandszeiten, Unregelmäßigkeiten im Arbeitsrhythmus«.

Hier beginnt die Überlegenheit des Westens, und hier enden die Träume der Moskauer von der Weltherrschaft. In der Sowjetunion »bleibt die Produktivitätsentfaltung hinter den gesteckten Wachstumszielen zurück. Dies machte es auch erforderlich, die Zahl der Arbeitskräfte ... schneller zu erhöhen ... Die Gründe für das Zurückbleiben der Produktivitätsentfaltung hinter den Planzielen sind komplex. Sie liegen im organisatorischen, im technischen und im motivationellen Bereich ... Hinzu kommt als wesentlicher Faktor die chronische Innovationsträgheit, die eine zügige Umsetzung von produktivitätsfördernden technischen Neuerun-

gen in den Produktionsprozeß bremst. Auf der Motivationsseite schließlich mußte sich nachteilig auswirken, daß die Konsumgüterproduktion nicht im vorgesehenen Ausmaß und vor allem nicht sortiments- und qualitätsgerecht gesteigert werden konnte. Die unzureichende Anpassung des Angebots von Konsumgütern und Dienstleistungen an Ausmaß und Struktur der Nachfrage mußte die Wirkung der zeitweise stark betonten materiellen Anreize beeinträchtigen, ein Grund dafür, daß in den letzten Jahren wieder verstärkter Nachdruck auf ›moralische Anreize‹ gelegt wurde. Allem Anschein nach hat dies jedoch nicht die angestrebte Wirkung auf die Motivation der Arbeitsbevölkerung gehabt.« (Sowjetunion 1974/75, a. a. O., S. 99 ff.)
Stimmen wir im Anblick dieser erregenden Erscheinungen nicht ein in den lauten Chor der Blinden, die nun meinen, der Kommunismus habe sich gewandelt. Die so sprechen, beleidigen jene Europäer im Osten, die sich diesen größeren Bewegungsraum gegen verordnete Kunst, gegen Plan-Daten mühsam erstritten haben! Die Völker in Europa, die wissen, was Freiheit ist, und die leiden, wenn sie sie nicht haben, haben eine erste Schlacht gegen ihre Zwingherren gewonnen. Das ist die Lage.
Nicht der Kommunismus hat sich gewandelt; die Völker haben stärkere Realitäten siegreich dem Kommunismus entgegengesetzt und sich ein Stück Selbständigkeit erkämpft! *Der Wind bläst den Kommunisten ins Gesicht!* Ihre polizeistaatlichen Methoden erweisen sich täglich mehr als Anachronismus. Der Kommunismus stößt an Grenzen, die aus ihm selbst kommen. Er wird weitere spüren; denn das System ist falsch.
In dieser Lage sollten wir den Mut finden zu einer Politik des Einwirkens – friedlich, geduldig; mit stärkerem Glauben, festerem Willen und mehr Fleiß.

Wenn wir es nicht tun, werden die anderen mit ihrer schlechteren Sache siegen.

Zur wirtschaftlichen Bilanz stützen wir uns zunächst auf den Frankfurter Professor Dr. Wolfram Engels (Soziale Marktwirtschaft – verschmähte Zukunft? Stuttgart 1972, S. 10 ff.): »Der Lebensstandard ist in der westlichen Welt im Durchschnitt viermal so hoch wie im Ostblock ... Umgerechnet erreichen die DDR etwa die Hälfte und Rußland weniger als die Hälfte des westdeutschen Lebensstandards ... Ein Vergleich der Wachstumsraten begünstigt also in jedem Falle die Planwirtschaft des Ostblocks, weil sie einmal von einem niedrigeren Entwicklungsstand ausgehen, weil sie zum zweiten eine vom Staat erzwungene Akkumulationsrate haben, die über der Kapitalbildung westlicher Länder liegt. Trotzdem schneiden die marktwirtschaftlich organisierten Länder besser ab. In der Nachkriegszeit hatte Japan die höchsten Wachstumsraten, gefolgt von Israel und der Bundesrepublik Deutschland – lauter Marktwirtschaften. Dann folgen Rumänien, Jugoslawien und Frankreich. Die Sowjetunion als das drittstärkste Land im Wachstum des Ostblocks wird im Westen außerdem von Italien, Griechenland und Spanien übertroffen ... Anscheinend eignet sich das System der Zentralplanung noch verhältnismäßig gut für weniger entwickelte Länder. Dagegen scheinen die Schwierigkeiten um so größer zu werden, je komplizierter und differenzierter die Wirtschaft wird. Die Wachstumskrisen der DDR, der Tschechoslowakei und der Sowjetunion in den sechziger Jahren traten bereits bei einem Entwicklungsstand ein, bei dem in der Bundesrepublik, in den USA oder in Japan noch eine sehr schnelle Zunahme des Wohlstandes zu verzeichnen war ... Die marktwirtschaftlich organisierten Länder sind nicht nur die wirtschaftlich

leistungsfähigsten, sondern sie sind auch die Länder, in denen am meisten persönliche Freiheit herrscht ... Die rigorosesten Planwirtschaften Rußland, Polen und die DDR müssen Mauern gegen die Abwanderung bauen. Die rigorosesten ›kapitalistischen‹ Länder – z. B. Schweiz und USA – sehen sich gezwungen, Mauern gegen die Zuwanderung zu errichten ... Umgerechnet auf die Arbeitsstunde liegt das Einkommen in der Bundesrepublik bei 227 % des Einkommens in der DDR ... Insgesamt zeigt der Vergleich mit der DDR eine überwältigende Überlegenheit der Marktwirtschaft.« (Siehe zu diesem Thema auch Helmut Leipold: Wirtschafts- und Gesellschaftssysteme im Vergleich, Stuttgart 1976; Werner Obst: DDR-Wirtschaft – Modell und Wirklichkeit, Hamburg 1973; derselbe: Sozialistische Modelle, Köln 1974; Materialien zum Bericht zur Lage der Nation 1974, Herausgeber: Bundesministerium für Innerdeutsche Beziehungen.)
Der Anteil der Staaten des Warschauer Paktes am Sozialprodukt der Welt sinkt: Von 18,2 % im Jahr 1960 auf 17,1 % im Jahr 1973.
Noch deutlicher wird alles, wenn man dieses weiß:
Die Sowjetunion hat die teuerste und unergiebigste Landwirtschaft der Welt: 30 % aller Beschäftigten in der Sowjetunion versorgen – unzulänglich – 240 Millionen Bürger; in den USA versorgen 4 % aller Beschäftigten 200 Millionen Bürger und produzieren Überschüsse für 50 Millionen Bürger anderer Staaten. In der Sowjetunion erzeugen, wie schon erwähnt, die privaten Kleinerzeuger auf 2 % der landwirtschaftlichen Nutzfläche ein Viertel der Agrarproduktion der Sowjetunion. Mit Recht pocht Solschenizyn darauf, daß das alte Rußland Getreide im Überschuß erzeugt und ausgeführt habe. Heute müssen die Sowjets Getreide importieren. Sie starren vor Waffen und haben kein Brot.

Fazit: Wo freie Entfaltung möglich ist, bleibt der Erfolg nicht aus. Oder – mit dem alten russischen Sprichwort –: »Wo die Lust genommen ist, läßt sich auch mit dem Rubel nichts holen!«
Gräfin Dönhoff (DIE ZEIT, 5. 9. 1975) hat recht: »Auch der rückständigste Bauer, dem ein Zipperlein im Bein sagt, daß es morgen regnen wird, und der daher beschließt, bis zum Einbruch der Dunkelheit sein Heu einzubringen, ist ein Supermanager – verglichen mit der Parteizentrale in der fernen Bezirksstadt, die anordnet, wann mit Bestellung und Ernte begonnen werden soll.«
Schließlich ist ein Blick auf die Wirklichkeit innerhalb der beiden Staaten in Deutschland nützlich und lehrreich:
Die DDR hat als sowjetrussische Gründung nicht nur die Aufgabe, Deutschland und damit Europa zu schwächen und zu spalten; sie soll zugleich aller Welt beweisen, daß der Kommunismus auch für entwickelte Industrieländer »paßt«.
Da wir nicht darüber reden, die DDR aber ihren Rang als 10. Industrienation der Welt propagiert, frißt sich national wie international die Meinung fest, der Kommunismus »passe« – auch für entwickelte Industrieländer.
Die Wahrheit ist ganz anders: Auf jenem Gebiet des Deutschen Reiches, das jetzt die DDR ausmacht, wurde vor dem Krieg je Einwohner ein höheres Sozialprodukt erzeugt als auf dem Gebiet der heutigen Bundesrepublik Deutschland. 1938 kamen etwa 65 % aller deutschen Exporte aus dem Gebiet der heutigen DDR. Heute exportiert die DDR für 30 Milliarden Mark, die Bundesrepublik Deutschland für 300 Milliarden Mark. Auf die DDR entfallen nur noch 9 % der gesamtdeutschen Ausfuhr.
Kein Zweifel: Auch die DDR-Wirtschaft funktioniert. Nur bringt sie ein geringeres Ergebnis bei mehr Aufwand – für alle wie für die einzelnen. 1960 betrug das Realeinkommen

in der DDR noch 76% des Realeinkommens in der Bundesrepublik. Die Mauer half nicht: 1974 meldet der Vergleich nur noch 53% für die Realeinkommen drüben. Man fiel von 76% auf 53% zurück. Und die Realeinkommen sind ein wichtiger Maßstab, da sie die politische Wirksamkeit im Hinblick auf den Erfolg für die Menschen bezeichnen.
Der Anteil der erwerbstätigen Bevölkerung beträgt hier 43%, in der DDR 52%. Das drüben ist Weltrekord! Wenn trotzdem Ertrag und Ergebnis zurückbleiben, offenbart das Verschwendung von Arbeitskraft, miserable Produktivität – eben ein falsches, inhumanes System.
Das gilt auch hinsichtlich des Aufwandes für soziale Sicherheit: 1974 gaben wir dafür 3725 DM je Einwohner aus, die DDR 1770 DM. Wir haben hier je Einwohner dreimal mehr Wohnraum geschaffen als drüben.
Sachkundige Wissenschaftler geben der künftigen Entwicklung folgende Prognose: *Die DDR wird weiter zurückfallen. Das anwachsende Wohlstandsgefälle in Deutschland aber ist und wird ein Problem mit Wirkungen weit über Deutschland hinaus!*
Jenes Gebiet des Deutschen Reiches, auf dem Moskau die DDR etabliert hat, war, wie gesagt, 1938 industriell höher entwickelt als das Gebiet der jetzigen Bundesrepublik Deutschland. 30 Jahre ist der Krieg vorbei. 26 Jahre besteht die DDR. Mehr als 3 Millionen Menschen haben in der Zwischenzeit diesem Regime fluchtartig den Rücken gekehrt. Mauer und Stacheldraht verhinderten schließlich, daß dem Kommunismus vor den Augen der ganzen Welt in Deutschland alle Leute davonlaufen. Nicht einmal die Arbeiter und Bauern, deren guter Name für diesen bösen Staat herhalten muß, dürfen ihre Verwandten im Westen besuchen – es sei denn als Rentner oder Invaliden.

Das hat seine Gründe.
Die Kommunisten sehen – intern – die Konkurrenzsituation ganz anders als manche hierzulande: Das durchschnittliche Realeinkommen in der DDR liegt hinter dem unseren um mehr als 40% zurück. Die SED befürchtet – realistischerweise –, bei einer »Wahl mit den Füßen« eine katastrophale Niederlage zu erleiden. Denn bei uns lebt ja bekanntlich sogar der Arbeitslose nicht nur freier, sondern auch besser als sein in Sonderschichten schuftender Kollege in der DDR. Die DDR ist gegenüber den Industrieländern des Westens seit 1970 mit über 10 Milliarden Mark verschuldet. Das hat seinen Grund in der Unfähigkeit der DDR, für den Markt dieser Industriestaaten interessante, qualifizierte Waren zu liefern.
Nein, in Deutschland ist längst entschieden, welches System – das kommunistische oder das der sozialen Demokratie – den entwickelten Gesellschaften Wohlfahrt und Spielraum zur Entfaltung bietet. Diese Frage ist beantwortet.
Trotz der günstigeren Ausgangslage der DDR wächst der Abstand zur Bundesrepublik Deutschland weiter. Die wirtschaftliche Leistungsfähigkeit hier nimmt zu, die der DDR bleibt im Vergleich zurück. Die Schere schließt sich nicht; im Gegenteil, sie öffnet sich weiter.
Alle wirtschaftliche und soziale Kraft wächst aus der menschlichen Arbeit und der ungehinderten freien Entfaltung des Geistes. Wer diese Quellen freilegt, siegt; wer sie gängelt oder verschüttet, verliert. Wer Freiheit und soziale Gerechtigkeit vertritt und entsprechend handelt, liegt vorn auch in der Produktivität – der Quelle aller materiellen Möglichkeiten. Produktivität, also das Verhältnis der eingesetzten Kraft zum Ergebnis, läßt sich nicht erzwingen, nicht kommandieren, nicht auf Dauer mit falschen Zahlen behaupten. Produktivität ist nicht zuerst eine Frage von Geld,

Technik und Organisation. Sie ist zuerst eine Frage nach dem Menschen – nach seiner Freiheit, seiner Entfaltung, seinem Interesse, seinem Lohn, seiner Mitbestimmung und Mitverantwortung! Auch Freude, Spaß und Laune sind hier einzurechnen.
Das alles hatte ich schon zu Beginn der sechziger Jahre gesagt und als Minister erprobt. Ich war aufgewühlt, als ich in der Mitte der siebziger Jahre die folgenden Urteile kenntnisreicher Russen las: »Es ist paradox, unglaublich: Bei allen glänzenden Erfolgen in der Außenpolitik ist diese militärisch so gewaltige Großmacht im Bereich der Wirtschaft in eine Sackgasse und sogar hoffnungslose Lage geraten. Alles, was wir hier erreicht haben, verdanken wir nicht dem Können, sondern der Zahl, d. h. dem unverhältnismäßig großen Einsatz an Menschenkraft und Material. Alles, was geschaffen wird, kostet uns viel mehr, als es wert ist, doch der Staat erlaubt sich, mit Ausgaben nicht zu rechnen.« So Alexander Solschenizyn in »Offener Brief an die sowjetische Führung« aus dem Jahre 1973 (Darmstadt–Neuwied 1974, S. 33 ff.).
Die Menschenrechtskämpfer A. D. Sacharow, W. F. Turtschin und R. A. Medwedew schrieben am 19. März 1970 in ihren »Vorschlägen zur Demokratisierung des öffentlichen Lebens in der Sowjetunion, Brief an das ZK der KPdSU«: »Ein entscheidender Faktor beim Vergleich wirtschaftlicher Systeme ist bekanntlich die Produktivität der geleisteten Arbeit. Und hier sieht es am schlimmsten aus. Unsere Produktivität liegt seit eh und je weit hinter jener kapitalistischer Länder zurück, und ihre Steigerung ist in den letzten Jahren zusehends verflacht ... Es herrscht ein klares Mißtrauen gegenüber schöpferisch denkenden, kritischen, aktiven Persönlichkeiten.«
Viele im Westen glaubten Sacharow nicht oder kaum, als er

1975 in »Mein Land und die Welt« (a. a. O., S. 30ff.) behauptete: »Es ist außerordentlich bezeichnend, daß unsere Gesellschaft in keiner Weise eine Gesellschaft der sozialen Gerechtigkeit ist. Obwohl entsprechende soziologische Forschungen in unserem Lande entweder nicht durchgeführt oder geheimgehalten werden, kann man mit Sicherheit behaupten, daß schon in den zwanziger und dreißiger Jahren und definitiv dann in den Nachkriegsjahren sich in unserem Lande eine eigene Partei- und Bürokratenschicht – die ›Nomenklatura‹, wie sie sich selbst nennt, eine ›Neue Klasse‹, wie Milovan Djilas sie bezeichnet – herausgebildet hat. Diese Schicht hat ihren eigenen Lebensstil, ihre eigene, scharf umrissene Stellung in der Gesellschaft – die der ›Chefs‹, der ›Köpfe‹ –, und sie hat sogar ihre eigene Sprache und eigene Denkweise. Der Zugehörigkeit zur Nomenklatura kann man praktisch nicht verlustig gehen, und in letzter Zeit wird sie erblich. Dank einem komplizierten System von geheimen und offenkundigen Dienstprivilegien, dank auch von Verbindungen, Bekanntschaften, gegenseitigen ›Verpflichtungen‹, dank der hohen Gehälter, haben diese Leute die Möglichkeit, in weitaus besseren Wohnungen zu leben, sich besser zu ernähren und anzuziehen, oft um weniger Geld in speziellen ›geschlossenen‹ Läden oder mit Valutazertifikaten oder mit Hilfe von Auslandsreisen, der – bei uns – höchsten Form der Belohnung für Loyalität.«
Wer die PRAWDA verfolgt, findet in ihren Aufsätzen immer wieder die indirekten Bestätigungen für diese Wahrheit.

Als die Tschechoslowakei Bilanz aus dreißig Jahren Nachkriegsgeschichte zog, im Jahre 1975 also, erschütterte zugleich ein Flugblatt slowakischer Katholiken viele dort und noch mehr draußen. Dieses Wort aus dem Widerstand bedarf keines Kommentars: »Unsere Politiker sprechen zwar von Überzeugung und Geduld und der Anerkennung des Glaubens, aber wir sind täglich Zeugen, wie die Gläubigen in der Presse grob beleidigt werden. Und wehe dem Geistlichen, der sich dagegen öffentlich ausspricht ... Auf den Plakaten wird dreißig Jahre Freiheit beschworen. Aber wo es die geistige Freiheit, die Informations- und Bewegungsfreiheit, die Freiheit des Wortes und der Meinung nicht gibt, dort kann sich auch nicht die Freiheit des Menschen entfalten ... Was wir erleben, ist eine Regression, eine Rückkehr zur Untertänigkeit des 19. Jahrhunderts, in dem das Herrschaftscredo galt: ›Wer die Macht hat, der bestimmt die Religion.‹ Uns wurde versprochen, daß sich die fünfziger Jahre nicht wiederholen würden. Aber eine viel raffiniertere Art der Liquidierung unserer Kirche als in jenen finsteren Zeiten geschieht gegenwärtig ... Betrachten wir die Schulen dieses Landes. Die Studienräte, Direktoren und Lehrer bestrafen jene Schüler, deren Eltern sie zum Religionsunterricht schicken oder mit ihnen beten. Bei der Anmeldung von Kindern zum Religionsunterricht zum Beispiel werden die Eltern darauf hingewiesen, daß religiös gebundene Kinder nicht auf die Mittelschule kommen, sondern Arbeiter bleiben müssen. Nach den Bestimmungen des Kultur- und Schulministeriums hängt die Annahme der Kinder in die Mittelschule weniger von den Kenntnissen ab, sondern davon, ob das Kind den Religionsunterricht besucht hat oder nicht. Begabten Kindern wird also der Zutritt zu einer höheren Ausbildung verwehrt, was im Widerspruch zu Artikel 24 der Verfassung steht: ›Alle Bürger haben das gleiche Recht auf Ausbildung.‹ Auf gesetzwidrige Weise verschleudert also der Staat Tausende von Talenten, und das wird, so nehmen wir an, eine katastrophale Auswirkung auf das Kultur- und Wirtschaftsleben haben. Machen Sie die Schuldirektoren und Lehrer auf ihre gesetzwidrige und kriminelle

Tätigkeit aufmerksam! . . . Von selbst wird sich nichts verbessern. Und Ihr werdet nur so viele Rechte haben, wie Ihr selbst durchsetzt. Verlaßt Euch nicht auf den Westen, auch nicht auf kompromittierte Priester, sucht aufrechte Geistliche und fähige Laien. Wenn Ihr keine Priester habt, veranstaltet selbst Zusammenkünfte. Verschafft Euch Literatur, studiert Euren Glauben, denn nur durch ein richtiges Studium entdeckt Ihr das wahre Antlitz Gottes, der Kirche und der Welt. Erzieht Eure Kinder im Geiste der Religion. Lebt christlich und lehrt Eure Kinder Opferbereitschaft. Katholiken, Evangelische und Christen, vereinigt Euch!«

*

SIE SOLLEN NACH BERLIN KOMMEN, rief John F. Kennedy, Präsident der USA, am 26. Juni 1963 vor dem Berliner Rathaus all denen zu, die kleinmütig und verzagt den Kommunisten gegenübertreten:
»Wenn es in der Welt Menschen geben sollte, die nicht verstehen oder die nicht zu verstehen vorgeben, worum es heute in der Auseinandersetzung zwischen der freien Welt und dem Kommunismus geht, dann können wir ihnen nur sagen, sie sollen nach Berlin kommen. Es gibt Leute, die sagen, dem Kommunismus gehöre die Zukunft. Sie sollen nach Berlin kommen! Und es gibt wieder andere in Europa und in anderen Teilen der Welt, die behaupten, man könne mit den Kommunisten zusammenarbeiten. Auch sie sollen nach Berlin kommen! Und es gibt auch einige wenige, die sagen, es treffe zwar zu, daß der Kommunismus ein böses und ein schlechtes System sei; aber er gestatte es ihnen, wirtschaftlichen Fortschritt zu erreichen. Aber laßt auch sie nach Berlin kommen! – Ein Leben in der Freiheit ist nicht

leicht, und die Demokratie ist nicht vollkommen. Aber wir hatten es nie nötig, eine Mauer aufzubauen, um unsere Leute bei uns zu halten und sie daran zu hindern, woanders hinzugehen.«

Das stimmt noch immer. Berlin taucht in den Schlagzeilen weniger häufig auf. Es strahlt nicht mehr so. Leider. Aber es lebt. Es ist nicht verdorrt. Das freie Berlin gibt nach wie vor Zeichen. Seit über 30 Jahren von Kommunisten eingesperrt und auf vielfältige, schwere Proben gestellt, zeugt das freie Berlin für die Lebenskraft der besseren Sache. Das hat nicht Geld bewirkt; das hat nur geholfen. Lebendig gehalten haben es die besonnene Entschlossenheit der Berliner, Arm in Arm mit dem westlichen Engagement. Die Berliner haben alle Volksfrontverlockungen abgelehnt. Sie kennen ihre Peiniger! Nie waren sie so schlapp, für ein Linsengericht das Erstgeburtsrecht der Freiheit aufzugeben.

Wenn wir uns im Westen nicht selbst zerstören, wenn wir vor lauter Fragen und Infragestellen nicht die Antworten vergessen, wenn wir einfach nicht kuschen, dann wird der Moskauer Koloß brüchig werden. So wie Zivilcourage in Portugal gegen Soldaten und Kommunisten siegte, so kann es im Ganzen werden.

Wer etwas bewegen will zwischen Ost und West – im Sinne der Freiheit bewegen will –, muß ganz zuerst bewirken, daß wir unsere Depressionen und Rezessionen, unsere kleingläubige Halbherzigkeit überwinden; daß unsere Gemeinwesen wieder zu Schaufenstern der Überlegenheit werden.

Kennedy, mit dem wir intern gar nicht so einverstanden waren, weil er nicht in den Ostsektor Berlins ging und vorher mit Chruschtschow über öffentliche Erklärungen eine Art globalen Status quo abgemacht hatte, der auf der Fortdauer der Spaltung Deutschlands beruhte – dieser Mann faszinierte gleichwohl: durch männlichen Charme und die Kraft

der Gedanken. Er sagte schlicht und zuversichtlich zu den Berliner Studenten: »Die Wahrheit stirbt nicht!«
Inzwischen konnten wir in Europa, selbst im kommunistisch beherrschten Teil, erfahren: Auch die Religion lebt. Die Familie lebt und die Nation. Das ist im Wesen des Menschen. Das wirkt in jedem Neugeborenen – wo immer er das Licht der Welt erblickt!
Die KPdSU weiß das: Ihrem Weltsieg stehe nichts so entgegen wie religiöser Glaube, nationale Gesinnung und soziale Politik. Das liest man im gültigen Parteiprogramm!
Nochmals will ich John F. Kennedy zustimmen: »Die Wahrheit stirbt nicht. Das Verlangen nach Freiheit läßt sich niemals gänzlich ersticken ... Tatsächlich erfordert die Natur der modernen technisierten Gesellschaft menschliche Initiative und Verschiedenheit freien menschlichen Geistes. Die Geschichte selbst steht dem marxistischen Dogma entgegen und geht nicht mit ihm. Auch sind derartige Systeme nicht in der Lage, mit den Anforderungen der modernen Marktwirtschaft und den verschiedenen Kräften modernen Konsums in einer hochentwickelten Gesellschaft fertig zu werden. Kurz gesagt, diese dogmatischen Polizeistaaten sind ein Anachronismus, ebenso wie die Teilung Deutschlands und Europas dem Strom der Geschichte entgegengesetzt ist. Das neue Europa des Westens – ein dynamisches, vielfältiges und demokratisches Europa – muß auf die Völker im Osten eine stetig wachsende Anziehungskraft ausüben ... Was auf lange Sicht den Ausschlag geben wird, sind die realen Gegebenheiten der westlichen Verpflichtung, die realen Gegebenheiten Deutschlands als Nation und als Volk, ohne Rücksicht auf künstliche Grenzen aus Stacheldraht. Dies sind die realen Gegebenheiten, auf die wir bauen und auf denen die Geschichte sich bewegen wird – und auch andere würden gut daran tun, sie anzuerkennen.«

So stellt sich die Frage: Soll die Zukunft, die Zukunft Deutschlands und die Europas, der Demokratie oder der linken Diktatur gehören? Einer demokratischen Mehrheit oder einer kommunistischen Minderheit? Dem freien Geist oder der Bürokratisierung durch Apparate? Der Freiheit oder der Vergewaltigung? Dem Gewissen oder dem Kommando?
Der Kampf um diese Frage findet statt, ob wir es wollen oder nicht. Wer nicht handelt, wird behandelt.
Deutschlands Entwicklung ist hierfür ein Beweis.
Die Kommunisten kamen mit der Fahne »Demokratie« und schufen Diktatur. Sie wollten beweisen, daß der Kommunismus auch für entwickelte Industriegesellschaften »paßt«. Er »paßt« nicht, wie wir sahen.
Die Abwehrfront der Freiheit verläuft nicht mehr nur durch Berlin, durch Deutschland und durch Europa. Wir müssen nicht nur dem Moskauer Druck widerstehen. Wir haben nicht nur die äußere, wir haben auch die verschlungene innere Front! In Rom, in Paris, überall finden Schlachten statt, die alles entscheiden können.
Wenn wir alle diese Kämpfe durch Festigkeit und soziale Reformen gewinnen, wird Moskau nirgendwo der Sieger, dafür aber auf sich selbst zurückgeworfen sein. Wenn wir uns entschließen, friedlich und sozial auf den Ostblock einzuwirken, wird dieses Monstrum selber merken, auf welch tönernen Füßen es steht. Verlieren wir aber den Kampf an der inneren Front auch nur an einer Stelle, so werden wir – auf die abschüssige Bahn geraten – nur noch versuchen können, daß jeder von uns – Staat für Staat – sich selber rettet. Wie lange das gutgehen könnte? Die Geschichte wird es wissen.
In zehn Jahren marxistisch?
Nicht, wenn wir folgendes wollen:

4. Strategie der Freiheit

*Recht · Gesellschaftspolitik · Wirtschaft
Deutschland · Europa · Entspannung*

Die freiheitliche Ordnung hat Hitler und Kriege und Schlimmeres überstanden als die gegenwärtige Herausforderung durch den Marxismus.
Wo diese bessere Ordnung entschlossen kämpfende Verteidiger findet, die nicht morsche Schlösser verstaubter Privilegien auf ihre Fahne schreiben, sondern besonnenen Fortschritt im sozialen Dienst am Menschen – wo so nach vorne verteidigt wird, bleibt der Sieg nicht aus.
Wir stehen nicht vor unabwendbaren Ereignissen als Prüfung unserer Leidensfähigkeit. Wir stehen vor einer Herausforderung unseres Willens, unseres Glaubens und unseres Könnens. Nicht unsere Prinzipien oder unsere Ordnung – freiheitliche Demokratie und Soziale Marktwirtschaft – sind falsch – unsere Kraft, unser Zutrauen und unser Bewußtsein der Überlegenheit sind in einer Krise.
So kann die Heilung nur von innen kommen. Aus uns selbst, aus jedem von uns muß sie kommen. Die Kraft ist da. Sie will gerufen werden. Es ist Zeit zur Besinnung auf unsere Prinzipien und unser Konzept.

Ich kämpfe für eine Politik im Dienste des Menschen.
Ich glaube, daß der Mensch von Natur auf Würde und Freiheit angelegt ist; daß er aus sich selbst Rechte hat, die jeder Staatsgewalt und jeder Gesellschaftsordnung vorgegeben

sind; daß diese natürliche Kraft in jedem Menschen lebt – ob er in Rio oder in Tokio, in Detroit oder in Swerdlowsk, in Köln oder in Dresden geboren ist.

Ich weiß, daß »nichts gewaltiger ist als der Mensch«; daß er imstande ist, sich »die Erde untertan« zu machen; daß sein Einfallsreichtum, seine Anpassungs- und Regenerationsfähigkeit den scheinbaren Gewißheiten düsterer Vorausberechnungen immer überlegen waren; daß er morgen Neues wissen, schaffen, gestalten wird; daß er neue Grenzen finden wird – in der Raumfahrt, in der Biologie, in der Ökologie; daß er sich weder durch globale Kriege noch durch Zerstörung der Umwelt, noch durch Explosion der Bevölkerungszahl umbringen will. Er kann es, aber er will es nicht. Ich glaube nicht, daß er es trotzdem tut.

Ich bin überzeugt, daß Freiheit – in ihrer Entfaltung einzig der Kontrolle durch den Wettbewerb unterworfen – die stärkste Kraft ist; daß aber Freiheit nur da wirklich vorhanden ist, wo sie durch soziale Gerechtigkeit zur Alltagswirklichkeit für alle geworden ist; daß die politischen Disteln der Menschheit – Kommunismus und Faschismus – keinen Wurzelgrund und keine Luft haben, wo soziale Gerechtigkeit Freiheit garantiert. Und Frieden ist nichts anderes – wie leicht sich das formulieren, wie schwer sich das verwirklichen läßt! –, ist nichts anderes als eine Sache der Menschenrechte und der Gerechtigkeit.

Ich halte für notwendig, durch Recht und Gesellschaftspolitik Freiheit zu sichern; durch Soziale Marktwirtschaft Dynamik und Kraft zu entfalten; die DDR zur Verwirklichung der in Helsinki beschworenen Freizügigkeit anzuhalten; den nötigen qualitativen Sprung zur Bildung der Europäischen Union zu tun; die ebenbürtige, partnerschaftliche Zusammenarbeit mit den USA und Kanada am konkreten runden Tisch der atlantischen Gemeinschaft zu gestalten;

weiterhin am Kurs der Entspannung festzuhalten – also das militärische Gleichgewicht zu wahren und gefährliche politische Probleme zu entschärfen – und zugleich einzuwirken auf die Realitäten im östlichen Block.
Das sind aus meiner Sicht die wesentlichen Punkte der Strategie der Freiheit. Ich will sie im folgenden näher erörtern.

*

RECHT sichert Frieden und hilft dem Schwachen. Kultur beginnt mit dem Übergang von der Gewalt des Faustrechtes zur Herrschaft des Rechtes. In unserer freiheitlich-rechtsstaatlichen Demokratie ist alle Gewalt, auch die staatliche, der Herrschaft des Rechts unterworfen.
Nie entsprachen unsere staatliche Verfassung sowie unsere soziale und wirtschaftliche Ordnung so sehr den Interessen, den Prinzipien und den Bedürfnissen der Deutschen und ihrer Nachbarn wie gegenwärtig.
Reichen die Kraft unseres Geistes, die Entschlossenheit unseres Willens sowie unsere Bereitschaft zum Kampf aus, um diese Ordnung bei unseren Enkeln in sicheren Händen zu wissen?
Starke Kräfte wollen unsere Republik von innen zerstören, ihre Wertordnung verändern. Sie werden sich durchsetzen, wenn die Demokraten nur noch – defensiv – vom Schutz der Verfassung und von der Verteidigung der Demokratie reden und entsprechend handeln. Sie werden verlieren, wenn kämpferische Demokraten offensiv arbeiten und Demokratie erfüllen als eine dynamische politische Ordnung, die immer mehr die Mitwirkung der Bürger gewährleistet, ihre Bildung und Ausbildung fördert, ihre Freiheit und Menschlichkeit durch mehr soziale Gerechtigkeit verwirklicht und durch Verteilung und Kontrolle der Macht sichert.

Unsere Verfassung sagt nicht nur, was bewahrt, sie sagt auch, was verändert, was besser werden muß!
Die Deutschen haben nach dem Zweiten Weltkrieg, soweit sie frei entscheiden durften, eine Wahl getroffen, die bis heute den Schlüssel zur deutschen Nachkriegsgeschichte darstellt: die Anerkennung des absoluten Vorranges von Freiheit und Recht. Das bedeutet: Es gibt keinen nationalen oder gesellschaftlichen Fortschritt, der Vorrang hat vor der Würde des Menschen.
Nach 1945 hieß es für die Deutschen – und das versteht auch unsere junge Generation, für die Freiheit und sozialer Rechtsstaat so selbstverständlich geworden sind wie die Luft, die sie atmet –: Nie wieder darf wie 1933 zugunsten des wirtschaftlich-sozialen Erfolges und des nationalen Stolzes die Herrschaft des Rechts in Frage gestellt werden! Deutschlands Katastrophe begann am 30. Januar 1933 mit der Zerstörung der demokratischen Ordnung – Nationalsozialisten und Kommunisten nannten sie das »reaktionäre System« – im Namen einer angeblich erfolgreicheren Wirtschaftspolitik und eines schrankenlosen Nationalismus. Alles andere war eine Folge der Ermächtigung Hitlers.
Die ausschlaggebende Wiedergutmachung Deutschlands lag und liegt in der klaren Entschlossenheit, sich einer erneuten Außerkraftsetzung von Recht und Freiheit auf deutschem Boden zu widersetzen. Dies gilt ebenso zwingend und unmißverständlich wie die Forderung, daß vom deutschen Boden kein Krieg mehr ausgehen darf.
Wir haben mit dieser Haltung einen entscheidenden Beitrag zur Sicherung des Friedens geleistet. Die klaren Prinzipien unserer Außen- und Innenpolitik sind gegen die Verfassungsfeinde von rechts wie von links gewendet. Sie haben uns gleichzeitig zu einem angesehenen, nicht immer bequemen, aber klar kalkulierbaren Faktor der Weltpolitik gemacht.

Mit dem Blick auf unsere Verfassungswirklichkeit muß ich leider hier anmerken: Ich habe die Sorge, daß der Staat immer schwächer wird und bestimmte gesellschaftliche Gruppen immer stärker werden. Ich habe die Sorge, daß im Leben der Menschen aggressiver Egoismus statt Toleranz und Rücksicht, daß im Leben der Staaten ein »halbstarker« Nationalismus immer bestimmender wird. Ich habe die Sorge, daß die Lautstarken eher zur Befriedigung ihrer Ansprüche kommen als Schwache zu ihrem Recht. Ich habe die Sorge, daß manche »Ordnung« rufen, ohne die Garantie der Freiheit zu meinen. Ich habe die Sorge, daß Rücksichtslosigkeit – in der Gesellschaft, im Staat, in Europa, in der Welt – um sich greift. Das ertrüge der freiheitliche und soziale Rechtsstaat nicht. Er muß sich wehren, bevor es zu spät ist.
Vor kurzem hat Professor Zbigniew Brzezinski von der Columbia University of New York durch eine kritische Studie die Theoretiker wie die Praktiker der Politik herausgefordert: »Letzten Endes«, so schrieb er, »beruht eine moderne Demokratie auf Höflichkeit, Kompromißbereitschaft und Vertrauen.«
Wie recht er hat!
Wer sich aber die Wirklichkeit ansieht im Deutschen Bundestag, in anderen nationalen Parlamenten, in der Vollversammlung der Vereinten Nationen, wer Wahlkämpfe und Pressekampagnen sowie subtile Fernsehgemeinheiten hinzunimmt, muß sich um die Zukunft der Demokratie sorgen. Demokratie ist nur möglich, wo Bildung und Wohlfahrt hinlänglich breit und tief im ganzen Volk verankert sind; nur, wo wahrhafte Demokraten hellwach arbeiten. Demokratie verlangt, zunächst und vor allem Geschäftsordnungen und Techniken: Gesinnung und Gesittung – eben »Höflichkeit, Kompromißbereitschaft und Vertrauen«. Ohne

Rücksicht auf den anderen und ohne Geltung des Rechtes dauert keine Demokratie, wird sie zum Spielball von Brutalitäten, Aggressionen, Mächtigen und Interessenten.
Sozialpflichtigkeit gilt nicht nur für das Eigentum! Sozialpflichtigkeit ist ein umfassendes Leitprinzip: Das Gemeinwohl verlangt generell und durchgängig die Rücksicht auf den anderen. Starke Gruppen der Gesellschaft, worauf immer sie ihre Stärke gründen, ob auf Geld, auf Zahl, auf Geist – sie alle müssen sich immer ihrer eigenen Sozialpflichtigkeit bewußt sein. Rücksichtslosigkeit der Starken, Egoismus der Mächtigen, Ellenbogengewalt der Überlegenen zerstören den inneren Frieden und die soziale Gerechtigkeit. Dem Übermut der Ämter darf nicht der Übermut gesellschaftlicher Gruppen folgen. Der demokratische Staat ist kein schlapper Staat – nicht gegenüber seinen Feinden, nicht gegenüber den Mächtigen.
Dabei muß man wissen, daß – trotz des berechtigten Rufes nach Recht und Ordnung – nirgendwo die Perfektion des Polizeistaates und der Charme der Liberalität zugleich zu haben sind.
Aggressivität, blinde Konflikte, Rücksichtslosigkeit und hemdsärmelige Brutalität entsprechen weder unserem Menschen- noch unserem Weltbild; sie sind unter dem geschichtlichen Niveau unserer persönlichen und politischen Existenz; und sie sind als Erfolgsrezept durch unsere geschichtliche Erfahrung widerlegt. Hitler hatte – vor allen kleinen Hitlers von heute – diese Position bezogen. Wir wissen: Das ist falsch, prinzipienwidrig und erfolglos.
Wir, die Deutschen, werden uns nur dann mit unserem Potential nicht selbst im Wege stehen, wenn wir erkennen, daß Rücksicht und Großmut sowie peinliche Achtung der Würde und der Rechte der Schwachen die einzig beständigen Ausweise wirklicher Stärke sind.

Die »Demokratisierung der Gesellschaft« ist ein beliebter Stoff für Diskussionen und Polemiken – was immer gerade darunter verstanden wird. Werner Maihofer ging so weit, vom Ja oder Nein zu diesem undefinierten Begriff die Zukunft der Koalitionspolitik in Deutschland abhängig zu machen. Die Liberalen könnten nur mit denen zusammenarbeiten, die auch für die »Demokratisierung der Gesellschaft« einträten.
In Wahrheit gibt es hier weder Monopole noch Ausschließlichkeiten! Alfred Müller-Armack, zusammen mit Ludwig Erhard Schöpfer der Sozialen Marktwirtschaft, lange Jahre Staatssekretär im Bundeswirtschaftsministerium, hat schon 1960 die »Demokratisierung der Gesellschaft« als Erfolg der Sozialen Marktwirtschaft gelobt. In meiner ersten Parteitagsrede, Hannover 1964 (der Fraktionsvorsitzende hat Recht und Pflicht, dort Rechenschaft zu geben und Ziele zur Diskussion zu stellen), habe ich als Erfolge unserer Politik bezeichnet: »Die Geltung des Gewissens, die Achtung der Kirchen, die Demokratisierung der Gesellschaft, das Ja zu Familie und Eigentum, die westliche Orientierung, die Wohlfahrt, die soziale Sicherheit. Der Zeitgeist ist ebenso verändert wie die Wirklichkeit der Deutschen.« Damals war es ganz natürlich und nichts »Linkes«, von der »Demokratisierung der Gesellschaft« zu sprechen. Was anderes hatten wir denn gewollt?
Selbstverständlich läßt sich das demokratische Mehrheitsprinzip nicht schematisch auf die Gesellschaft anwenden, wenn Vernunft und Ordnung Oberhand behalten sollen. Quartaner können nicht mit Mehrheit entscheiden, ob sie eine Klassenarbeit schreiben; Kinder nicht, ob sie den Eltern folgen.
Aber Demokratie erschöpft sich ja nicht im Mehrheitsprinzip! Grundrechte und -pflichten, Minderheitenschutz,

Rücksicht, Gemeinwohl, Rechenschaft, Miteinander, Mitbestimmung sowie Autorität nur durch Vorbild, Beratung und Diskussion – sie gehören ebenfalls dazu. Und das alles ist doch auch im nichtstaatlichen Leben, in der Gesellschaft, vernünftig, unerläßlich und ordnend.

Die »Demokratisierung« läßt sich natürlich nicht in einem formalen Sinne auf die Familie übertragen. Ich war ziemlich schockiert, als ich 1956 bei meinem ersten Besuch in den USA das scherzhaft gesagte, aber ernstgemeinte Bonmot hörte: »Eine Familie hierzulande? Das ist eine demokratische Gemeinschaft, in der zwei das Pech haben, älter zu sein als die anderen.« Und wie human klingt das noch gegenüber der Sprache des Familienberichtes 1975 der Bonner Regierung: Die Familie sei eine »Sozialisationsagentur« mit »Kosten für pädagogische Dienstleistungen«; sie habe ein »Geburtenmonopol«, sei »Konsumträger« und regele den »Reproduktionsprozeß der Gesellschaft«. Die Eltern werden zu »Dauerpflegepersonen« und zu »Bezugspersonen« für die Kinder. Die Liebe wird zu »Integrationsmechanismen«. Das ist nicht Soziologendeutsch, sondern unverantwortlicher Unsinn! Da fehlt jeder anthropologische Bezug, jedes Ahnenlassen der Gefühle unseres Volkes wie des Buchstabens und des Geistes unserer Verfassung. Das ist Materialismus ohne Charme und Würde, ohne Achtung, ohne Liebe. Das ist brutal. Hier könnte Heinrich Böll ansetzen: *So entsteht Gewalt!*

Ich kann in der »Demokratisierung der Gesellschaft«, wie ich sie verstehe, nicht den leibhaftigen Gottseibeiuns schrecklicher Geistesverwirrung feststellen. Richard Löwenthal hat doch recht, wenn er sagt, »daß unter den Bedingungen der entwickelten Industriegesellschaft der Freiheitsspielraum der einzelnen und Gruppen nur durch Erweiterung der Demokratie erhalten werden kann. Dies ist

das einzige Mittel, die bei zunehmender Verflechtung von Gesellschaft und Staat unvermeidliche Beschränkung der Freiheit von öffentlichen Entscheidungen durch gleichzeitigen Ausbau der Freiheit zur Mitgestaltung dieser Entscheidungen zu kompensieren.« (DIE ZEIT VOM 2. 11. 1973).
Das brachte ich zum Ausdruck, als ich am 18. Januar 1973 vor dem Deutschen Bundestag in meiner Antwort auf die Regierungserklärung von Bundeskanzler Brandt feststellte: »Die Leitidee der Christlich-Demokratischen und der Christlich-Sozialen Union, zweier zunächst der Freiheit verpflichteter Parteien der Mitte, ist: Für uns ist Fortschritt nur da, wo sich der Mensch mit seinen Rechten voller entfalten kann, wo diese Freiheit alltagswirksam in ihrer sozialen Basis so gestärkt wird, daß sie vom Papier der Verfassung zur realen Möglichkeit wird, und nur dort, wo der Mensch seine Verpflichtung für den anderen erkennt, ernst nimmt und verantwortlich verwirklicht. Dieser Maßstab, der reale Freiheitsraum des Menschen, bestimmt unser Urteil in allen Bereichen der Politik, in der Bildungs- wie in der Rentenpolitik, in der Entspannungs- wie in der Sicherheitspolitik. Wir meinen, nur auf dieser Basis werden wir ein leistungsfähigeres Gemeinwesen mit weniger Zwängen, Verfremdung und Verwaltung, aber dafür mit zufriedeneren Menschen schaffen können ... Wir wollen den freien und mündigen Bürger; dafür wollen wir die gesellschaftlichen Voraussetzungen schaffen. Wir kämpfen für eine Ordnung, die Chancengleichheit, persönliche Freiheit und sozialen Fortschritt garantiert.«
Die gemeinsame Forderung der Demokraten nach einer so verstandenen Demokratisierung der Gesellschaft steht jedoch – und soweit ich sehe, wird dies weder in den Reihen der SPD noch der FDP bestritten – im Gegensatz zu dem »Demokratismus« gewisser Ideologen, welche die Gesell-

schaftspolitik zu einem Vehikel machen wollen, um eine totalitäre »Volksherrschaft« in Staat und Gesellschaft durchzusetzen. Gegen diese Feinde der Freiheit und der Demokratie sollten die demokratischen Parteien gemeinsam Front machen, anstatt sich gegenseitig ein falsches Demokratieverständnis zu unterstellen. Die Revolutionäre sprechen – mißbräuchlich – auch von Demokratie und Demokratisierung der Gesellschaft. Wir dürfen uns unsere Begriffe weder stehlen noch ihren Inhalt verändern lassen.

*

GESELLSCHAFTSPOLITIK entscheidet über die Zukunft der Freiheit.
Friedrich Naumann wird der gute Satz zugeschrieben: »Was nützt die beste Sozialpolitik, wenn die Kosaken kommen?!« Heute muß man wohl hinzufügen: Was nützen die besten Waffensysteme, wenn die Männer mit der Hand am Abzug nicht wissen, warum sie verteidigen, woran sie glauben, wofür sie kämpfen; wenn der Feind von hinten, von innen kommt und als Waffe nicht Gewehre, sondern unsoziale Zustände, nicht Flugzeuge, sondern Analphabetentum, nicht Panzer, sondern Ausbeutung benutzt; wenn die Qualität der Politiker mit jener der Soldaten nicht immer Schritt hält? Was nützt, so muß man heute fragen, die beste Armee mit den modernsten Waffen, wenn die Sozialordnung nicht stimmt? Womit man verteidigt, ist wichtig; wichtiger ist, *wofür* man es tut! Und Waffen allein – so unersetzlich sie sind – genügen immer weniger.
Die kommunistische Gefahr in Portugal kam und kommt nicht von außen. Sie kam aus verkrusteten Strukturen der Gesellschaft, aus sozialer Rückständigkeit. Überall, auch in Europa, sollte man diese Lehre beschleunigt be-

herzigen! Der beste Antikommunismus ist eine soziale Politik.

Gegen den von innen kommenden Teil kommunistischer Gefahr hilft kein Nordatlantikpakt. Hier hilft nur eine konsequente und konkrete Politik, die von der Sozialreform nicht redet, sondern sie schrittweise vollzieht; die Freiheit durch soziale Gerechtigkeit alltagswirksam für alle macht. Aus dem liberalen Rechtsstaat muß der soziale Rechtsstaat werden. Er muß persönliche Freiheit und soziale Sicherheit miteinander verbinden; die Freiheitsrechte immer mehr vom Papier der Verfassung zur sozialen Wirklichkeit werden lassen; mehr Freiheit durch mehr soziale Gerechtigkeit ermöglichen! Wo diese blüht, ist kein Platz für Kommunismus. Auf die Dauer werden nur Brüderlichkeit und darauf gegründeter, überlegener Gemeinsinn den Kommunismus schlagen – und überwinden. Freiheit durch soziale Gerechtigkeit ist die Antwort auf das Streben nach Gleichheit in unserer Zeit.

In meiner Abschiedsrede als Parteivorsitzender habe ich gemahnt: »Als einem Demokraten, der Unfreiheit erlebt hat, macht mir manches am Zustand unseres Gemeinwesens ernste Sorge: Das Abnehmen der Zivilcourage, der ersten und unverzichtbaren Bürgertugend des Demokraten; die um sich greifende Zaghaftigkeit, den Feinden der Freiheit entgegenzutreten und Unrecht beim Namen zu nennen; die nicht überall ausreichende Pflege der geistigen und sittlichen Fundamente unserer freiheitlichen und sozialen Ordnung; der innere Zustand einiger unerläßlicher demokratischer Institutionen sowie die anwachsende Entfernung politischer Entscheidungen von den Geboten verantwortlicher Führung, notwendiger Konsequenz und sachgerechter Politik. Demokratie ist – ebenso wie Soziale Marktwirtschaft und wie Soziale Partnerschaft – kein Problem technischer Ab-

läufe, sondern ganz zuerst eine Frage nach den geistigen Werten und nach der Gesinnung ... Nichts kann darüber hinwegtäuschen, daß die Fortschritte der modernen Welt, die wir bejahen und fördern, auch die Gefahr in sich bergen, einen Verlust an Menschlichkeit zu bewirken. Soll unsere Gesellschaft humaner werden, so bedarf es der Anstrengung aller. Sicher hat der Mensch Wert und Würde auch ohne Leistung. Ein ausschließliches Leistungsdenken ist in sich selbst inhuman. Dennoch gilt: Ohne Leistung werden wir weder die Freiheit des Menschen noch eine humane Gesellschaft verwirklichen können; und Leistung, die im Dienst der humanen Gesellschaft steht, müssen wir fordern, auch morgen fordern ... Mehr Freiheit gibt es nur durch mehr soziale Gerechtigkeit. Dazu gehören heute unter anderem: Mehr Wettbewerb, mehr Mitbestimmung, bessere berufliche Bildung, Partnerschaft auch beim Gewinn, Aufstieg durch Bildung und ohne Privilegien, die eigenständige soziale Sicherung der Frau, bessere soziale Dienste, eine moderne Jugendpolitik sowie eine fortschrittliche Familien- und Gesundheitspolitik ... Wir sind aufgerufen, ohne falsche Rücksicht soziale Ungerechtigkeiten, wo es sie gibt, zu beseitigen – alles zu beseitigen, was der vollen Verwirklichung der realen Freiheit und der sozialen Partnerschaft entgegensteht ... Zur Analyse und zum Aufspüren dieser Tatbestände brauchen wir keine Anleihe bei Karl Marx. Wir brauchen nur unser an der Liebe zum Nächsten orientiertes, christliches Gewissen kritisch zu befragen.« (Bonn, 12. Juni 1973.)
Rechthaberisches Beharren zerstört, was bewahren zu wollen man vorgibt; es läßt – hinter brüchigen Fassaden – Prinzipien erschlaffen, Werte verfallen, Ordnungen verstauben, feste Pflöcke verrosten. Besonnener Fortschritt dagegen läßt eine anwachsende Zahl von Mitbürgern immer breiter

und immer intensiver teilhaben an Einsicht und Bildung, an Mitverantwortung, Mitbestimmung, Miteigentum. So festigen sich die prinzipiellen Ordnungswerte, weil sie alltagswirksam für alle mit Leben erfüllt werden. Wer rastet, rostet; wer verweilt, verliert; wer nicht selbst den Fortschritt besorgt und bewirkt, über den wird die Entwicklung hinwegschreiten. Wie welkes Laub wird er an den Rand geweht, um zu Schmutz zu werden.

Unsere freiheitliche Ordnung ist kein Abonnement auf Konservatismus, kein Naturschutzpark, kein Museum, kein Subventionsparadies und keine Heimstatt für Fußkranke, die ihre Leiden pflegen. Er ist vielmehr dynamisch, auf Entwicklung, Fortschritt, Veränderung, auf bessere soziale Wirklichkeiten angelegt.

Nur so, durch Ausbau, werden wir unsere freiheitliche, soziale und demokratische Staats- und Gesellschaftsordnung – es gibt keine bessere, keine humanere, keine sozialere, keine erfolgreichere! –, nur so, durch Fortschritt und durch Veränderung, werden wir unsere Gesellschaftsordnung in ihren Fundamenten und Prinzipien erhalten.

Ohne Wachstum gibt es keine Kraft für Neues. Es ist möglich, ohne die Umwelt zu zerstören, in der und aus der wir leben. Wir dürfen die ökologische Grenze nicht übersehen; wir müssen sie vielmehr genau erkennen und studieren, um sie zu durchlöchern und um sie zu verlegen! Sie ist nicht statisch; wir können sie verschieben!

Produktivität ist, wie schon betont, die Quelle aller materiellen Kraft. Sie ist nicht nur eine Sache des Wettbewerbs, der Initiative und des Kapitaleinsatzes, der Maschinen, der Technik, der Organisation; Produktivität läßt sich, wie auch Kommunisten spüren, nicht erzwingen; Produktivität ist zuerst eine Frage an den Menschen! Das heißt: Sie ist zwar auch eine Frage der Organisation der Arbeit, des Loh-

nes und der sozialen Sicherheit, aber sie ist noch mehr eine Frage des Betriebsklimas, der Freizeit, der Bildung – vor allem aber eine Frage nach der Freiheit und dem gesellschaftlichen Rang der Arbeit. »Seelische Entproletarisierung« (Messner) ist das Gebot der Stunde! Wer hier siegt, gewinnt insgesamt! Hier, genau hier, muß der Kommunismus versagen – oder aufhören, er selbst zu sein. Hier, genau hier, liegt unsere bleibende Chance der Überlegenheit.
An dieser Stelle entscheidet sich die Zukunft der Demokratie nicht nur im Hinblick auf den Ost-West-Gegensatz, sondern auch im Hinblick auf die Demokratie selbst: Nur die soziale Wirklichkeit der Menschenrechte für alle und die Möglichkeit, freizügig alle Informationen erhalten und werten zu können, sichert den freiheitlichen Rechtsstaat gegen die stets vorhandenen Gefahren linker oder rechter Totalitarismen.
Je mehr die äußere Sicherheit, die ständig den wechselnden technischen und strategischen Bedingungen neu und wirksam entsprechen muß (und schon deshalb nicht billig sein kann) –, je mehr die äußere Sicherheit durch vervollkommneten Umgang mit der wechselseitigen Abschreckung – und die ist gegeben! – sowie durch Stabilisierung des Nicht-Krieges zur Gewohnheit wird, je deutlicher die Grenzen militärischer, vor allem atomarer Macht werden, desto bestimmender für die Zukunft wird die gesellschaftliche Ordnung. Ohne Informations- und Gedankenfreiheit gibt es keine schöpferische Kraft. Wo aber der Geist sich frei entfaltet, wächst die bessere Zukunft heran!
Bildungspolitik gehört zur Substanz der Demokratie. Nur wo der Reifegrad der Bildung, auch der politischen Bildung, bei der ganz überwältigenden Mehrheit so entwickelt ist, daß ein selbständiges Urteil selbstverständlich ist, schwinden die Chancen der Manipulatoren, der Volksverführer,

der Extremisten. Ich kenne keine Demokratie von Bestand ohne allgemeine Bildung und allgemeine Wohlfahrt. Demokratie ist deshalb kein Exportartikel – schon gar nicht eignet sie sich zur Transplantation mit Waffengewalt! Vor den Ledernacken, falls nötig, bitte Lehrer und Fürsorgerinnen. Ich habe das – zu spät für Vietnam – auch mit US-Präsident Johnson diskutiert ...

Diese gesellschaftspolitischen Fragen entscheiden auch im eigenen Land. Brandts Reform-Gerede traf auf Ohren, die das hören wollten. Der Mensch lebt nicht vom Brot allein! Ich will hier einen Mann zu Worte kommen lassen, der rechtzeitig spürte und wußte, daß die »Zweite Phase der Sozialen Marktwirtschaft« begonnen hatte, und der deshalb »ihre Ergänzung durch das Leitbild einer neuen Gesellschaftspolitik« forderte. Müller-Armack ermahnte 1960 in einer Denkschrift zu dieser grundsätzlichen Besinnung. Und Wilhelm Röpke fragte nach den Aufgaben »Jenseits von Angebot und Nachfrage«.
Hätten wir ihnen zugehört und entsprechend gehandelt – vieles wäre anders gekommen. Geistige Führung ist durch nichts zu ersetzen!
Wir hätten uns Bildungsmisere, Osterunruhen, viel Gewalt und Geschrei erspart! Wir hätten nicht soviel Substanz verloren! Es ist noch nicht zu spät, jetzt zu hören, was Alfred Müller-Armack damals schrieb (in: Studien zur Sozialen Marktwirtschaft, Herausgeber Institut für Wirtschaftspolitik an der Universität zu Köln, Untersuchungen Nr. 12, Köln 1960, S. 23 ff.):
»Aber auch die Sicherung der Arbeitsplätze durch die Vollbeschäftigung und der Zuwachs der Produktion in einer kontinuierlich ansteigenden Konjunktur haben nicht die erwartete soziale Befriedigung gezeigt, sondern geradezu

neue Unruhe und Unzufriedenheit wachgerufen.« – Diese Unruhe offenbare eine Schwäche der freien Gesellschaft. Also müsse man sich fragen, »ob nicht diese Unruhe und Erregbarkeit der öffentlichen Meinung in tieferen Schichten des Bewußtseins wurzelt und nicht eher einen Hinweis gibt auf jene Fragen einer freien Gesellschaft, die eben noch ungelöst sind ... Man hat unsere Gesellschaftsform als klassenlose Gesellschaft charakterisiert ... In dieser klassenlosen Gesellschaft sind nicht mehr Stand und Klasse das Problem, sondern der einzelne; es ist der Mensch, der sich dem Ganzen gegenüber unterlegen und ungesichert fühlt, und das Problem, wie und wo er seine Stelle findet, stärker spürt, als es in gebundenen Ordnungen der Fall war. Dem Ganzen der Gesellschaft gegenüber muß der einzelne seinen Eintritt in bestimmte Berufe, seinen Aufstieg, seine Eingliederung in einen bestimmten Lebensraum als mit Unsicherheit belastet empfinden, die er nicht abzumessen vermag. Konjunkturen, Marktbewegungen, Umschichtungen der Betriebsformen spannen ihn in Mechanismen ein, die anonym wirken und die er nur schwer zu durchschauen vermag. Kein Wunder, daß Unsicherheit und eine unbestimmte Lebens- und Zukunftsangst ihn erfassen und daß er sich in Gruppen und Verbände flüchtet, die seine innere Unruhe verstärkt in die Öffentlichkeit hinaustragen ... Von dieser Lage haben wir auszugehen, wenn wir die Aufgaben der Sozialen Marktwirtschaft für die zweite Phase ihrer Verwirklichung, in die sie nun eintritt, bestimmen wollen. Es wird gewiß das, was in bezug auf die Entwicklung der Produktion, die Gestaltung der Einkommen, die Schaffung von Vermögen in breitesten Schichten bisher geschah, fortgesetzt werden müssen; insoweit muß die Kontinuität im weiteren Wachstum der Sozialen Marktwirtschaft gewahrt bleiben. Aber wir werden nur dann das uns vorschwebende Ziel erreichen, wenn wir eine entscheidende Ergänzung der Sozialen Marktwirtschaft durch ein gesellschaftspolitisches Programm schaffen.« Müller-Armack schlägt dann den »Einbau gesellschaftlicher Stabilisatoren« vor, weil Gesellschaftspolitik mehr sei als Wirtschaftspolitik. Man solle »mehr in geistigem Kapital investieren«; der »Qualifizierung des Kräftebedarfs« sowie der Arbeitskraft entsprechen; die Chancen, selbständig zu werden, fördern und die »formal unselbständigen Angestellten ... zu Teilnehmern« machen. Unausgeschöpft seien »noch jene Möglichkeiten, innerhalb der Betriebe selbst durch eine sinnvolle Untergliederung der Arbeit ... Gruppierungen und Verantwortung zu schaffen, durch die der einzelne zu einer ... relativen Selbständigkeit« gelange. Es gelte, die »Gesamtheit der Umwelt« neu zu sehen und zu gestalten: Aufstieg, Ausbildung, Wertstabilität, Konjunktur, Betrieb, soziale Umwelt, räumliche Umwelt und öffentliche Leistungen.

Auch Konrad Adenauer spürte, daß Neues in der Luft lag; daß der Wiederaufbau geschafft war. Er wußte auch, daß die deutsche Politik sich rechtzeitig einstellen müsse auf das, was da kommen könne, und daß der Pragmatismus der praktischen Politik nicht ausreiche. Er diskutierte darüber am 14. November 1961 mit mir. (Entgegen anderen Darstellungen ging es nicht nur um den Versuch Adenauers, sich mit den Enkeln gegen die Väter zu verbünden, was ich ablehnte.) Auf seinen Antrag beschloß der Bundesvorstand der CDU am 11. Dezember 1961 einstimmig, mir einen Studienauftrag zu erteilen. »Untersuchungen über das geistige und gesellschaftliche Bild der Gegenwart und die künftigen Aufgaben der CDU« sollte ich anstellen und zu Ostern 1962 darüber berichten.
Ich habe diese bisher unveröffentlichte Studie nochmals

durchgesehen und dabei zu meiner Überraschung festgestellt, wieviel der darin enthaltenen Betrachtungen auch heute noch aktuell und, wie ich glaube, zutreffend sind.
Die Union könne führend bleiben, schrieb ich, sie muß aber »als eine politische Bewegung, die aus geistigem und moralischem Impuls entstanden und deren Politik von einer geistigen Grundhaltung geprägt ist, ... immer auf der Höhe wissenschaftlicher Erkenntnisse und selbst eine geistige Kraft sein, darf ihre praktische Politik nie aus dem kritischen Spannungsfeld zur Theorie wie zum Prinzip entlassen ...
Wir können die Augen vor der Wirklichkeit nicht verschließen, zu der auch die Tatsachen gehören, daß man uns fragt, ob wir verbraucht seien; daß ein Kreuz auf einem Plakat oder in einem Versammlungslokal ebenso wie das ›C‹ in unserem Namen immer weniger ausreichen, uns allein Profil und Führung zu geben; daß die Spontaneität der Gründungsjahre abklingt; daß eine neue Generation herangewachsen ist, die Weimar, Hitler, Krieg und Not nicht mehr elementar erlebt hat; daß die Not vergessen und Wohlfahrt selbstverständlich geworden ist; daß unser Volk soziologisch ein anderes Bild bietet; daß neue Themen und Aspekte Zeitgeist und Weltpolitik beeinflussen; daß der Kommunismus anders auftritt; daß mehr nach Staat und Rente als nach Selbstvorsorge und Eigentum gerufen wird; daß Autorität wenig geliebt und die Gesellschaft dem Staat vorgezogen wird.
Wir müssen auch dieses sehen: Pastoral-soziologische Untersuchungen beider Kirchen verzeichnen ein rückläufiges religiöses Interesse; Atomzeitalter und Automation schaffen neue Bedingungen; die Arbeitslust wird träger, die Freizeit größer wie auch die Ansprüche; die Standkraft der menschlichen Person und eigenständige Originalität werden schwächer ...

Es wird auch nötig sein, staatliche Autorität und Würde durch politischen Stil, durch emotional Ansprechendes, durch weniger ›Gefälligkeitsstaat‹ und ›Stimmungsdemokratie‹ zu prägen. Die Achtung der Institutionen, das Sichtbarmachen von Amt und Dienst müssen, wie ich meine, ebenso betont werden wie die Überlegenheit des Rechtes und der staatlichen Objektivität gegenüber jedweder gesellschaftlichen Macht und die Sinnhaftigkeit und gerechte Verteilung aller verlangten Opfer ...
Das Erreichte wird als Selbstverständlichkeit konsumiert, und man fragt uns zunehmend: Kennt ihr überhaupt die Fragen von morgen, und, wenn ja, wie sind eure Antworten? ...
Was nun ansteht, ist der gesellschaftspolitische Durchbruch ... Wir müssen wieder den Mut zur Durststrecke vor den großen Erfolgen haben.
Die Zeit ist reif für eine Sozialpolitik, die vom mündigen Menschen ausgeht, nicht von Objekten staatlicher Sozialbetreuung zur Vermeidung des Anschwellens öffentlich zu bestreitender Fürsorgelasten. Der seelische Rest des proletarischen Bewußtseins, an dessen Auflösung bei uns nicht alle interessiert sind, kann nur verschwinden, wenn man alle als mündige Bürger behandelt und allen zumutet, aus eigener Kraft und Einsicht zu handeln und jedem die Chance des Eigentums gibt. Die Operation, die dieser Schritt bedeutet, entfernt die Reste des ›Proletariers‹ wie des sozialen Untertanen und setzt den Arbeiter als mündigen Bürger frei. Vom mündigen Arbeiter sprechen, ihm aber Selbstverantwortung nicht zutrauen oder ihn vom Eigentum fernhalten, offenbart Unredlichkeit und deklassiert den Arbeiter.
Wir sollten auch nicht davor zurückschrecken, der Säkularisierung des Fortschritts allein auf das Materielle den Kampf anzusagen. Unser Wasser, unsere Luft, unser Lärm bewei-

sen, daß das not tut. Es ist eine Frage an unsere politische Substanz, ob wir nicht ›Fortschritt‹ künftig auch begreifen wollen als ›Fortschritt‹ auf mehr Sittlichkeit, mehr Menschlichkeit, mehr Rücksicht hin. Die Gefährdung unserer natürlichen Lebensgrundlage durch eine zügellose Expansion von Technik, Wirtschaft und Verkehr ist eine Frage auch an das Humanum unserer Politik.
Die ursprünglich dritte Säule der modernen Demokratie, die Brüderlichkeit, Solidarität, Gemeinsinn und Opfer impliziert, sollten wir sichtbar wieder aufrichten. Wir sollten uns auch nicht scheuen, die Frage der Arbeitszeit unter diesem Gesichtspunkt öffentlich zur Diskussion zu stellen!
Wir sollten daran erinnern, daß nicht nur das Eigentum eine Sozialfunktion hat, sondern auch die menschliche Arbeit! Der Kommunismus lebt aus der Hypertrophie des gesellschaftlichen Charakters der Arbeit. Aber er arbeitet! Wenn wir dem anderen Extrem erlägen, nämlich der alleinigen Individualisierung und nur gegenwartsbezogenen Sicht der Arbeit und ihres Ertrages, würden wir unterliegen.
Alle diese Fragen können natürlich nur aufgegriffen werden, wenn die Opfer gerecht verteilt werden und zugleich eine Sozialordnung verwirklicht wird, die allen Gutwilligen als gerecht und verteidigenswert erscheint.«
Es ist noch nicht zu spät, das alles durch konsequente Politik in neue Wirklichkeiten zu verwandeln.

Konrad Adenauer (vgl. Rainer Barzel: Gesichtspunkte eines Deutschen, Düsseldorf 1968, S. 268 ff.) hat nicht nur die Bundesrepublik Deutschland aufgebaut und in die Weltpolitik zurückgeführt, nicht nur Europa gewollt und gestaltet. Er gab diesem freiesten Staat der deutschen Geschichte eine Sozialqualität, von der wir bis heute zehren und die in der Welt ohne Beispiel ist: dynamische Rente, Partnerschaft,

Mitbestimmung, Familienheim, Familienlastenausgleich, breitere Eigentumsstreuung; starke Gewerkschaften und starke Unternehmer; Weltoffenheit und Liberalität. »Wohlstand für alle«, »Eigentum für jeden« und »Aufstieg durch Bildung« hießen die Programme, die er zusammen mit Ludwig Erhard und Karl Arnold entworfen und durchgesetzt hat.
Hierzulande ist kein Platz für Rassismus, Diskriminierung, Glaubenskrieg, Herr-im-Haus-Standpunkt, Ausbeutung, Fremdbestimmung.
Als andere versuchten, der CDU einzureden, die »Grenze des sozialen Rechtsstaates« sei erreicht, und das Ende der Sozialpolitik verkündeten, markierte Adenauer den Übergang von der fürsorgenden Sozialpolitik zur strukturwandelnden Gesellschaftspolitik. Als Instrumente schuf er das Familienministerium und das Schatzministerium als Sachwalter der sozialen Privatisierung von Bundesvermögen und als Kristallisationskern der breiteren Streuung des privaten Eigentums. Und er gestaltete das Arbeitsministerium aufgrund intensiver Beratungen neu, um den künftigen Akzent zu betonen: »Bundesminister für Arbeit *und Sozialordnung*«. Er gab den Auftrag, eine Studie über den Fortgang (!) der Sozialreform – so sein Wort – anzufertigen. Man hat weithin vergessen, daß dieser Einzigartige und Unvergessene für seine Europapolitik die Unterstützung des Deutschen Gewerkschaftsbundes gewann und sie mit dem DGB gegen die SPD durchsetzte! Dabei hatte schon damals – in der Zeit der Demontagen und Sozialisierungen – die Mitbestimmung eine wesentliche Rolle gespielt. Es lohnt, auch dazu Konrad Adenauer zu hören: »Ich bin der letzte, der verkennt, daß gerade im Wirtschaftsleben die persönliche Verantwortung und die unternehmerische Initiative von sehr großer Bedeutung sind. Aber ich setze auch das Ver-

trauen in diejenigen Arbeitnehmer, die demnächst in die Aufsichtsräte dieser Unternehmungen entsandt werden, daß sie sich dessen bewußt sind und bleiben, daß sie in ihrer Stellung in erster Linie das Wohl des Unternehmens zu wahren haben. Meine Damen und Herren, man sollte nicht von vornherein an alles mit denkbar größtem Mißtrauen herangehen ... Man sollte vielmehr auch dem anderen Teil, mag das nun heute dieser, morgen jener sein, das Vertrauen entgegenbringen, daß auch er das Beste will ... Meine Damen und Herren, in diesem Zusammenhang möchte ich auch noch folgendes erklären: ... daß sowohl der Gewerkschaftsbund wie auch die Arbeitnehmer in den schweren Jahren seit 1945 ein außerordentlich großes Verständnis für das gezeigt haben, was dem gesamten deutschen Volke not tut.« (Bundestag, 14. 2. 1951.)
Konrad Adenauer wußte, daß bei der Lage Deutschlands Außen- und Innenpolitik zusammengehören, einander bedingen: durch das Bündnis mit dem Westen Sicherung der Freiheit nach außen, durch Gesellschaftspolitik Stärkung der Freiheit im Innern.

Wir werden den roten Faden dieses Kapitels nicht verlieren, wenn ich hier drei selbsterlebte Adenauergeschichten einschiebe. Sie zeichnen einige Züge dieses Mannes, die mir wichtig sind: unbeugsame Entschlossenheit, Gefühl für Form und Pflicht, Sinn für Maß. Und alle drei Geschichten durchzieht der hintersinnige Humor eines Menschen, der sich selbst nicht so ernst nahm.
Die erste: Wir standen im August 1965 auf dem Balkon der Villa Colinna in Cadenabbia am Comer See. Er erklärte meiner Frau und mir die Landschaft. Wir hatten das Haus besichtigt und den Arbeitsraum, wo er seine Memoiren schrieb. Nun – im Freien – schmunzelte er, hob den Finger

und erzählte: »Ich war Oberbürgermeister von Köln und wurde 1922 zum Präsidenten des Katholikentages in München gewählt. Es war üblich, zu Beginn ein Grußtelegramm an den Papst abzusenden und die Antwort des Papstes in der großen Schlußkundgebung zu verlesen. Am vorletzten Tag traf das Antworttelegramm des Papstes ein. Ich war nicht zufrieden. Es war kein gutes Telegramm. Ich ließ mir den Nuntius kommen, Herrn Pacelli, den späteren Papst Pius XII. Ich sagte ihm: ›Herr Nuntius, das ist kein gutes Telegramm. Das verlese ich nicht.‹ – Was, glauben Sie, geschah? Ich bekam aus Rom ein neues Telegramm. Es war gut. Ich habe es verlesen.«

Und er fuhr fort, indem er die weithin bekannte Geschichte vom Teppich auf dem Petersberg hinzufügte: Die Hohen Kommissare hätten ihn 1949 dorthin bestellt, um ihm das Besatzungsstatut zu übergeben. Er solle, so das Protokoll, vor dem Teppich, auf dem die Herren Hohen Kommissare stehen würden, auf dem Fußboden bleiben, bis diese ihn auf den Teppich bäten, nachdem ihm das Dokument überreicht sei. Er sei hereingekommen, die drei Herren hätten auf dem Teppich gestanden, und er sei sofort – ihnen gegenüber – auf den Teppich getreten. »Lassen Sie sich nicht auf den Teppich bitten, Herr Barzel. Treten Sie ungeniert selbst auf den Teppich«, schloß diese Lektion.

Die zweite Geschichte: Im Wahlkampf 1965 traten wir zusammen in Wuppertal auf. Im Freien. Es wurde dunkel, feucht und kühl. Herbstliches Nieseln ging in Regen über. Adenauer stand ohne Hut da. Wir alle sorgten uns um seine Gesundheit, die vor allem durch Erkältungen der oberen Luftwege anfällig war. »Herr Bundeskanzler, es regnet, es wird kalt«, sagte ich, »bitte setzen Sie Ihren Hut auf!« – »Aber Herr Barzel«, erwiderte er, »wenn ich zum Souverän

gehe« – er zeigte auf die Tausende –, »dann bin ich barhäuptig.«
Die dritte: Im »Interviewkrieg« zwischen »Erhardianern« und anderen innerhalb der Union über »Atlantiker« und »Gaullisten« ging es hoch her. Ich war Fraktionsvorsitzender. Konrad Adenauer, der frühere Kanzler und Parteivorsitzende, hatte durch ein Zeitungsinterview Ärger ausgelöst. Ich mußte das einrenken. Adenauer war 50 Jahre älter als ich, und ich mußte ihm ziemlich arg zusetzen. Er wurde laut und zornig; ich blieb höflich, war aber eisig. So ging das eine Stunde. Dann lenkte er ein, stand auf, lachte, ging zu einem großen Blumenstrauß, nahm die Hälfte (!) der Blumen und gab sie mir mit der Bitte: »Nun hören Sie für heute auf. Gehen Sie zu Ihrer lieben Frau, grüßen Sie sie und geben Sie ihr meine Blumen. Und sagen Sie ihr: Wir haben es heute beide sehr gut gemacht!«

Die NATO hatte bei ihrer Gründung – sichtbar in der Präambel des Vertrages – wie Adenauer die Wechselbezogenheit einer freiheitlichen Politik, das Zugleich von Innen- und Außenpolitik, erkannt.
Im Jahre 1965 habe ich versucht, den Präsidenten der USA, Johnson, für einen neuen Anstoß zur Weltinnenpolitik zu gewinnen. Deutsche Korrespondenten in Washington höhnten, ich wolle »wohl Wohnungsbauminister werden«.
Es ging um ganz andere Fragen: Mich beunruhigten Vietnam und die atomare Diskussion im Bündnis. Ich riet, aus der NATO mehr zu machen als einen militärischen Verband. Sie dürfe nicht nur eine Sache für Soldaten, Diplomaten und Politiker bleiben. Die Völker müßten sich direkt beteiligt und angesprochen fühlen. Eine Gemeinschaft brauche, wenn sie von Dauer sein und Erfolg haben solle, mehr als eine Feuerwehr! Ich schlug Jugendaustausch vor, wis-

senschaftliche Arbeitsteilung, Informationsaustausch, Erfahrungsaustausch in sozialen Fragen, gemeinsamen Kampf gegen die Umweltprobleme. Ich empfahl Johnson, seine Idee von der Great Society, von der »Großen Gesellschaft«, nicht auf die USA zu beschränken, sondern auf die gesamte freie Welt auszudehnen. Ich regte an, Entwicklungshilfe gemeinsam oder in Arbeitsteilung zu leisten; auch kommunistischen Ländern die Zusammenarbeit und den Informationsaustausch in Fragen des Umweltschutzes anzubieten.
Johnson stimmte zu. Dieser Mann wurde von vielen unterschätzt. Er hatte es nicht nur faustdick hinter den Ohren – er hatte auch Humor und Witz; er konnte zuhören, und sein Wort galt. Ich habe das oft erfahren.
Mit dieser Rückendeckung konnte ich auch im Deutschen Bundestag sagen: »Wir Deutschen sollten unseren nationalen Ehrgeiz darin sehen, bedeutsam zu werden für die Menschheit durch Werke des Friedens. Militärisches Engagement außerhalb der NATO kann nicht unsere Sache sein; wir sind weder Groß- noch Atommacht. Die Deutschen müssen drängen, aus der NATO mehr zu machen als einen militärischen Verband! Die wirtschaftliche Zusammenarbeit in der atlantischen Gemeinschaft kann noch intensiver werden. Wir können aber noch mehr tun: Die einigende Klammer der gemeinsamen Angst ist durch Gewöhnung und Abschreckung gewichen. Wir brauchen eine neue Klammer ... Die Völker der atlantischen Gemeinschaft stehen alle vor ähnlichen gesellschaftspolitischen Problemen: vor Fragen der Bildung, der Ballung des Verkehrs, des Städtebaus, der optimalen Sozial- und Wirtschaftsstruktur, vor Fragen des ökonomischen Wachstums, des verschmutzten Wassers, der unreinen Luft, des Lärms. Kurzum, wir alle stehen nicht nur gemeinsam vor der Frage, wie wir unsere Freiheit auch morgen miteinander sichern kön-

nen; wir alle stehen zugleich vor der Chance, durch Gemeinsamkeit der Forschung, durch Austausch von Erfahrungen, durch Austausch auch von Menschen und Ideen enger zueinander und damit zugleich in unseren Ländern zu mehr Menschlichkeit und Rücksicht kommen zu können. Über die grundsätzliche Seite solcher Pläne haben Gespräche schon stattgefunden. Der Präsident der USA hat in einer Rede im September, die vielleicht der eine oder andere bei uns des Wahlkampfs wegen überhört hat, auch öffentlich erklärt, wie sehr er und sein Land bereit seien, durch praktisches Zusammenwirken die atlantische Gemeinschaft immer mehr zu einer ›Großen Gesellschaft‹ zusammenwachsen zu lassen.« (29. November 1965.)
Dieser gute Ansatz versandete im Desinteresse nationaler Bürokraten. Das alles mache doch besser die Europäische Gemeinschaft, sagten einige. Es waren dieselben, die auch innerhalb der Europäischen Gemeinschaft mauerten. Nationalismus ist zäh – feist, behäbig, einäugig wie alles Reaktionäre.
Es ist dringend geboten, diesen Faden international wiederaufzunehmen und ihn weiterzuspinnen! – Schon haben die Kommunisten die Initiative ergriffen und schlagen Ost-West-Konferenzen zu diesen Fragen unserer *Innenpolitik* vor! Wer nicht handelt, wird behandelt!

Die Bundesrepublik Deutschland ist der »klassenlosen Gesellschaft« auf demokratischem Wege friedlicher Entwicklung sehr nahe gekommen. »Wenn jetzt die Neigung besteht, die Klassengegensätze als Realitäten in der Polarisierung politischer Fronten wiederaufleben zu lassen, so ist das nicht nur ein Verstoß gegen die in Wirklichkeit vollzogene Auflösung der gegebenen gesellschaftlichen Gruppenunterschiede durch den sozialen Aufstieg der Arbeiter und

der Angestellten.« (Alfred Müller-Armack: Der humane Gehalt der Sozialen Marktwirtschaft, in: Soziale Marktwirtschaft im Wandel, Freiburg 1973, S. 18.)
Die deutschen Sozialdemokraten erkennen die soziale Qualität der Bundesrepublik Deutschland an. Sie ist *vor* ihrem Regierungsantritt begründet und geschaffen worden. Nur wegen der »Verteilung von Eigentum und Vermögen« sei die Bundesrepublik Deutschland doch noch eine »Klassengesellschaft«, sagen sie in ihrem »Orientierungsrahmen 85«. Warum dann, bleibt zu fragen, hat man das in langen Regierungsjahren nicht geändert? Wenigstens die Pläne dazu vorgelegt und die Gesetze verabschiedet?

Die Gesellschaftspolitik, die ich hier fordere, will den Menschen unabhängiger und mündiger machen – auch durch die materielle Basis für eine freiheitliche Entfaltung: Dem dient das Familienheim, die Sparförderung, die Bildungs-, Renten- und Gesundheitspolitik.
Sozialismus dagegen führt nicht zu mehr Freiheit, sondern zu mehr Abhängigkeit: Wer die privaten Investitionen staatlich beaufsichtigen, lenken und bestimmen will, zerstört Freiheit, schafft neue Behörden und vermehrt die Abhängigkeit. Wer die Banken verstaatlicht, zwingt die Bürger, auch für den kleinen Privatkredit zur Behörde zu gehen; das macht abhängiger. Wer das Heil in kollektiven Vermögensfonds statt im breiter gestreuten Privateigentum sieht, stärkt nicht die materielle Basis der Freiheit des einzelnen, sondern fördert vermehrte Abhängigkeit. Wer beim Bodenrecht Eigentumsrecht und Verfügungsgewalt trennen will, nimmt dem einzelnen Freiheitsrechte und überläßt sie der Behörde.
Bitte keine Zukunft auf Bezugsschein! Das wäre der Weg bergab!

Als ich nach der Bundestagswahl 1972 den sozialen Akzent der CDU noch stärker betonte und die Fortentwicklung unseres Programms auch hinsichtlich der Gesellschaftspolitik verlangte und einleitete, gab es in der Bonner »Lobby« spitze Ohren und mißtrauische Augen. Das überschlug sich, als ich die kühne Vermessenheit hatte zu sagen, die Partnerschaft dürfe nicht aufhören, wo der Gewinn beginne.

Ich wurde zum »Linken« erklärt – durch Flüstern, durch Mundfunk, durch »Informationsbriefe«, »vertrauliche« Nachrichten. Ja, von rechts her betrachtet, steht links, wer die Mitte ausfüllt! Und in der Mitte wird in Deutschland mit den Wahlen die Zukunft entschieden! Da entscheidet sich auch das Schicksal der Demokratie.

Wo – ich wiederhole – soziale Gerechtigkeit blüht, ist für Faschismus und Kommunismus kein Platz. Die kommunistische Gefahr in Portugal, Italien und Frankreich kommt nicht von außen. Sie kommt von innen – aus – Verzeihung – nicht genügender Sozialqualität.

Wer die vielfachen Angriffe auf die freiheitliche Ordnung erfolgreich abwehren will, muß zurückkehren zur prinzipiellen Radikalität der freiheitlichen und sozialen Substanz, muß angreifen! Dabei muß deutlich sein, daß im Mittelpunkt dieser freien und partnerschaftlichen Wirtschafts- und Gesellschaftsordnung der einzelne Mensch steht. Er ist wichtiger als die Sache. Man darf sich nicht an der falschen Seite abkämpfen. Also: mehr Wettbewerb zur Sicherung der Freiheit des Bürgers gegen wirtschaftliche Macht und autoritäre Vorausbestimmung seiner Bedürfnisse; mehr Mitbestimmung für den arbeitenden Menschen; mehr Teilhabe an den Entscheidungen der Wirtschaft, um der Würde, den Rechten und der Verantwortung des Bürgers gerechter zu werden. Jeder Bürger sollte mehr privates, persönlich verfügbares Eigentum und mehr Teilhabe am Wachstum und Ertrag der Wirtschaft zur Sicherung und Erweiterung seines Freiheitsraumes haben. Dazu gehört neben dem Bekenntnis zum privaten Eigentum auch das Bekenntnis zum Gewinn. Allerdings halte ich es im Hinblick auf den Fortbestand unserer freiheitlichen Wirtschafts- und Gesellschaftsordnung für entscheidend, ob wir bereit sind, auch bei der Zuordnung von Gewinnen und Eigentumstiteln in der Wirtschaft unsere Zielvorstellungen von einer sozialen Partnerschaft zu verwirklichen. Gewinn und Kapital der Wirtschaft sind das Ergebnis partnerschaftlichen Zusammenwirkens von Arbeitnehmern, Unternehmern und Kapitaleignern. Deshalb soll jeder seinen gerechten Anteil am Erfolg, Wachstum und Ertrag der Wirtschaft bekommen. Das waren die Leitgedanken eines internen Vortrages, den ich am 12. Mai 1973 vor dem Bundesvorstand der CDU hielt, bevor ich mich verabschiedete.

Im letzten Interview, das ich vor dem Rücktritt von meinen Ämtern gab, fragte mit Rolf Zundel (DIE ZEIT, 18. 5. 1973): »Kann es passieren, daß sich zwar Ihre Politik durchsetzt, aber nicht mehr Rainer Barzel?« Ich antwortete: »Was mich zuerst interessiert, ist, daß die richtige Politik sich durchsetzt. Wenn dabei Rainer Barzel irgendeine Position, die er ganz gern hätte und die er sich auch zutraut, nicht bekommt, so ist das eine zweitrangige Frage. Damit muß ich fertig werden.«

*

WIRTSCHAFT ist eine unerläßliche Kraftquelle der Politik. Als Deutschland zerstört war und hier Mangel, Hunger und Not die Lage bestimmten, schrieb der damals weitgehend unbekannte Ludwig Erhard eine Artikelserie für DIE

NEUE ZEITUNG. Am 14. Oktober 1946 lasen die Bezieher dieser Zeitung folgende damals revolutionären Sätze: »Der eigentliche Gegensatz besteht nicht zwischen freier Wirtschaft und Planwirtschaft, wie auch nicht zwischen kapitalistischer und sozialistischer Wirtschaft, sondern zwischen Marktwirtschaft mit freier Preisbildung und staatlicher Befehlswirtschaft mit regulativem Eingriff auch in die Verteilung. Dieser Dualismus aber findet seine letzte Zuspitzung in der Frage, ob der *Markt* als das Votum der gesamten Wirtschaftsgesellschaft oder der *Staat* beziehungsweise eine andere Form des Kollektivs besser zu entscheiden vermag, was der Wohlfahrt der Gesamtheit, das heißt des Volkes, frommt ... Wenn künftig der Staat darüber wacht, daß weder gesellschaftliche Privilegien noch künstliche Monopole den natürlichen Ausgleich der wirtschaftlichen Kräfte verhindern, sondern daß dem Spiele von Angebot und Nachfrage Raum bleibt, dann wird der Markt den Einsatz aller wirtschaftlichen Kräfte in optimaler Weise regulieren und damit auch jede Fehlleitung korrigieren ... Unter den heutigen Bedingungen besteht die Notwendigkeit, daß der Staat der Wirtschaft planend und regulierend Ziele setzt und die richtungweisenden wirtschaftspolitischen Grundsätze aufstellt. Soweit ist und sei seine Initiative unbestritten. Darüber hinaus aber den Unternehmer zum Sklaven und bloßen Vollzugsorgan behördlichen Willens machen zu wollen, würde alle Persönlichkeitswerte töten müssen und die Wirtschaft der wertvollsten Impulse berauben. Gerade jetzt muß erkannt werden, daß die Wirtschaft dem sozialen Fortschritt nicht feindlich gegenübersteht, sondern an diesem ihren Wertmesser findet.«
Ludwig Erhard – bald darauf zum Direktor der Verwaltung für Wirtschaft für das Gebiet der amerikanisch und der britisch besetzten Zone Deutschlands in Frankfurt berufen,

später Bundeswirtschaftsminister, Bundeskanzler und Parteivorsitzender der CDU – hat durch seine Soziale Marktwirtschaft unseren Wiederaufbau ermöglicht und unseren Wohlstand bewirkt; sie hat zu unserer herausragenden Sozialqualität beigetragen und unsere Weltgeltung gefördert. Wirtschaftspolitik entscheidet sehr weitgehend über das, was politisch möglich oder unmöglich ist. Wo das Geld schwankt, wackeln die Regierungen. »Ohne effektive Wirtschaft kann kein einziges gesellschaftliches Problem gelöst werden«, sagt auch Ota Sik, einer der führenden Männer des »Prager Frühlings«. (Ota Sik: Für eine Wirtschaft ohne Dogma, München 1974, S. 121.)
Schon das Bewahren, mehr noch alles Neue, jeder Fortschritt verursachen irgendwo Kosten. Die Steuergroschen produzieren sich nicht selbst. Sie sprudeln aus der Wirtschaftskraft – oder es gibt sie nur auf dem Papier. Und für solches Papier kann man dann nichts kaufen. Der Politiker darf nicht nur das Gute wollen; zu seiner Kunst – Politik ist Kunst – gehört, das Ziel zu verwirklichen! Er muß zu Hause sein in der Welt der Ideen und Gedanken; er muß ebenso wissen, was geht und was nicht, wie man etwas durchsetzt, wie man es bezahlt, woher das Geld kommt, wie man es schafft und mehrt.
Was nützen die schönsten Pläne, Programme, Visionen, Absichten, wenn sie nicht zu neuen, besseren Wirklichkeiten führen? Nötig sind die geistige Kraft, die Qualität der Führung und die Mittel, Ideen schrittweise und besonnen durchzusetzen. Gelingt das nicht, weil die Wirtschaftspolitik nicht die überschüssige Kraft erbringt, weil also »die Kasse nicht stimmt«, so gibt es Verdruß, Ärger, Mißtrauen!
Haltet also den Geldwert fest und vermehrt ihn, wenn ihr die Welt verbessern wollt – bevor ihr das versucht! Nur auf der Grundlage eines stabilen Geldwertes kann die Wirt-

schaft störungsfrei arbeiten und schwere soziale Schäden verhindern. Die Produktivität ist die entscheidende Quelle des Wachstums einer Volkswirtschaft. Sie ist um so größer, je freier Unternehmer arbeiten können. Die wirtschaftliche Freiheit ist die Voraussetzung von Einfallsreichtum und Risikobereitschaft. Nur so kann das ökonomische Prinzip segensreich für alle funktionieren: mit geringstem Arbeitseinsatz den höchstmöglichen Ertrag zu erwirtschaften. Das sind die Quellen, aus denen eine blühende Wirtschaft lebt.
Zur Strategie der Freiheit gehört deshalb vor allem: Fördert die Produktivität der Arbeit – nicht nur durch Lohn und humane Arbeitswelt, sondern auch durch Mitbestimmung und Miteigentum! Macht den Arbeiter zum Partner, zum Mitglied des Sozialverbandes Unternehmen! Und: Gebt den Unternehmen die Freiheit zu Wagnis und Risiko; ermuntert sie, belohnt die Leistung, ermutigt zu Fortschritt! Wie gesagt: Produktivität ist die Quelle, aus der alles lebt. Laßt die Quelle sprudeln! Pflegt sie, legt sie frei, laßt frische Luft heran! Wer die freie Entfaltung beargwöhnt, eingrenzt und beschränkt, streut Dreck in die Quelle, aus der alle trinken sollen. Wer Initiative erdrosselt, Leistung bestraft, Erfolg mißgönnt und Wettbewerb behindert, wirft Schlamm in die Quelle und Steine obendrauf. Sie versandet. Wer gängelt, lähmt!
Ludwig Erhard hat das rechtzeitig gewußt. Er hat damals – so seine Worte aus der Zeit seines Durchbruchs – »die Fesseln gelöst« und »einen neuen Anfang gewagt«; er wollte nicht mehr »mit Mitteln der staatlichen Bewirtschaftung und Preisbildung das Volk unter der Knute und Fron der Bürokratie halten«; er faßte seinen Kampf auf als Ringen gegen »geistige Unfreiheit«, »Intoleranz«, »Tyrannei«; ihm ging es nicht nur um Geld, Arbeit und Brot (28. August 1948, Recklinghausen).

Schon vorher, in Frankfurt, am Vorabend der Währungsreform des 20. Juni 1948, hatte er temperamentvoll und kämpferisch das Ende der »Zwangsjacke« gefordert. Er plädierte für seine Soziale Marktwirtschaft, in der sich »das Prinzip der Freiheit auf dem Markt mit dem des sozialen Ausgleichs innerhalb einer vom Staat gegebenen und gesicherten Rechtsordnung« vereinigt.
Politiker und Beamte, Gewerkschaftler und Unternehmer sollten das beherzigen. Der Erfolg spricht für dieses Konzept. (Siehe: Ludwig Erhard, Alfred Müller-Armack: Soziale Marktwirtschaft / Manifest 1972, Berlin 1972.) Es gibt nichts Besseres, nichts Sozialeres, nichts Humaneres, nichts Erfolgreicheres. Kein anderes System, kein Sozialismus, keine andere Ordnung kennt vergleichbare Ergebnisse – für alle. Es gibt nichts Moderneres.
Soziale Marktwirtschaft kennt Vorausschau, Konjunktursteuerung, Wettbewerb, Geldmenge, Steuerpolitik; weiß von Anreizen, Diskontsatz, regelgebundenem Verhalten, Investitionen; von Finanzierung und Fusionskontrolle. Sie weiß aber vor allem, daß dies alles nur Technik ist. Und diese Technik – wissenschaftlich fundiert und handwerklich meisterhaft gehandhabt – bringt nur Erfolg, wenn das Wichtigere stimmt: das ordnungspolitische Bild!
Soziale Marktwirtschaft fordert zunächst und als Voraussetzung für den Erfolg das vorbehaltlose Ja zu Freiheit und Würde, zu Selbstbestimmung und Selbstverantwortung des Menschen; zu Initiative, Risiko, Leistung, Wettbewerb; zum Rang der Familie und des breit gestreuten, sozialverpflichteten privaten Eigentums; zu liberaler Weltoffenheit wie zur europäischen Einordnung; zu einem Staat, der ordnet, aber nicht reglementiert.
Der Zwillingsbruder der Sozialen Marktwirtschaft ist die soziale Partnerschaft. Nur wer beides will, wird Erfolg ha-

ben! Soziale Partnerschaft ist Zusammenarbeit auf der Grundlage von Gleichberechtigung und Ausgleich auch gegensätzlicher Standpunkte, orientiert am gemeinsamen Ziel der humanen Arbeitswelt und des wirtschaftlichen Erfolges. Soziale Partnerschaft heißt: miteinander, füreinander und für alle arbeiten; sie »ist eine Idee der Zusammenarbeit jenseits des Klassenkampfes – gespeist aus dem Geist der Toleranz. Partnerschaft hebt nicht auf, was an Unterschiedlichkeiten da ist, sondern setzt die Anerkennung der gegenseitigen Position voraus. Partnerschaft sorgt dafür, daß aus den Unterschieden nicht Gegeneinander, sondern Miteinander, nicht Kampf, sondern Begegnung wird. Partnerschaft heißt auch: Achtung und mitmenschliche Begegnung sind unabhängig vom sozialen Status; beide sind wertvoll: Arbeitnehmer und Arbeitgeber; erst aus ihrer Zusammenarbeit wächst der Erfolg; jeder braucht den anderen.« (So in meiner auf S. 109 erwähnten Studie aus dem Jahre 1962.)
Wer sich ordnungspolitisch anders orientiert, wird keinen vergleichbaren Erfolg haben. Gesellschafts- und Wirtschaftspolitik gehören zusammen; nicht beherrschen soll der Staat, sondern Freiheit sichern, zu Initiativen ermuntern und die einzelnen Gruppen zusammenordnen. Wer Neid und Mißgunst fördert, wer Klassenkampf und staatliche Planung will und Kontrolle der Wirtschaft einführt, wer also den Menschen sozialisiert, indem er die private Entscheidung durch die öffentliche ersetzt, wird mit dieser Konzeption wider die Natur nichts Gutes bewirken; der will beherrschen, nicht ordnen!
Sozialismus leert die Kassen, bläht die Verwaltung auf und lähmt die Dynamik. Die Bürokratie verdrängt Kreativität und Risiko. Keiner wagt mehr, keiner unternimmt mehr. »Man« gängelt; »man« regiert. Nur: Wer verantwortet?

Die Frage ist nicht, ob geplant wird, sondern wer es tut, und wer es besser kann: Die Behörde oder der, der mit eigenem Risiko etwas ausspäht, kennt und folglich etwas »unternimmt«. Es ist für mich unvorstellbar – ich komme aus dem Kreis höherer Ministerialbeamter und achte meine früheren Kollegen sowie ihre Arbeit –, trotz der besten Beamten und Verfahren rascher und besser zu sein als jene, die Chance, Information, Können und Risiko mit Schnelligkeit und persönlichem Einsatz verbinden. *Spontaneität ist im wirtschaftlichen Ablauf unersetzbar.* Keine Behörde kann sie aufbringen; keine darf an den Vorschriften vorbeigehen. Und Vorschriften leben immer aus den Erkenntnissen von *gestern*. Wirtschaftlicher Fortschritt lebt aus dem Erspüren der *Zukunft*. Da ist kein Platz für »Kleiderordnungen«, »Planstellen« und »Rechnungshof«. Je zahlreicher die Informationen – desto weniger nützt Zentralismus; das lehrt die Lebenserfahrung: Keiner kann alles wissen, alles ahnen, alles anleiten und vollenden! Je schwieriger die Lage – desto freiere Hand für den Markt und sein System; ein System, das »Millionen einzelner Fakten und Wünsche berücksichtigt, weil es mit Tausenden von feinen Fühlern jeden Winkel und jede Ritze der Wirtschaftswelt auslotet« und »die ständig auf den neuesten Stand gebrachten Informationen über die sich ständig ändernden relativen Knappheiten« erbringt. (F. A. von Hayek, New York 1976, zitiert nach FRANKFURTER ALLGEMEINE ZEITUNG vom 6. 3. 1976, S. 13.)
Die Überlegenheit der Sozialen Marktwirtschaft beruht auf dieser ordnungspolitischen Grunderkenntnis, die dem Wesen des Menschen folgt, und auf der unbürokratischen und raschen Reaktionsfähigkeit der Unternehmen gegenüber neuen Problemen. Hier braucht niemandes wirtschaftliche Erlaubnis eingeholt zu werden, wenn eine bessere Idee verwirklicht, eine neue Technik, eine andere Ware an den

Mann gebracht, auf den Angriff eines Wettbewerbers geantwortet, kurz: wenn etwas unternommen werden soll. Diese Anpassungsfähigkeit, diese Elastizität und diese völlige Freiheit der Initiative machen die Soziale Marktwirtschaft überlegen.

Dazu ist unerläßlich, daß sich die volkswirtschaftliche Struktur durch viele Mittel- und Kleinbetriebe auszeichnet; daß immer neue selbständige Existenzen gegründet werden. Gerade diese Betriebe sichern die schnelle Reaktion auf neue Lagen und Herausforderungen; sie schaffen selber immer neue Bedingungen.

Auch das kann man durch törichte Politik kaputtkriegen. Wird nämlich diese Struktur durch Mittelstandsvernichtung, durch Tausende von Konkursen, durch Kahlschlag vieler mittlerer und kleinerer Betriebe verändert, so wird damit die Elastizität der Volkswirtschaft verschlechtert. Kommen auf die Unternehmen immer neue Kosten und Lasten zu, immer mehr Steuern und Abgaben, so entsteht immer mehr Beherrschung, so schwindet der Raum für die Initiative (von der Lust ganz zu schweigen). Übt der Staat durch Auflagen, Aufsicht und behördliche Verfahren, durch immer mehr von außen bestimmte Daten also, eine Bevormundung aus, so stehen wir kurz vor der Erdrosselung der freien Verantwortung und Entscheidung. Und kommt dann noch hinzu, was Wirtschaftsminister Friderichs »eine nachhaltige Verunsicherung durch öffentliche Auseinandersetzungen über systemverändernde Forderungen« nennt (23. Juli 1975), braucht sich niemand mehr zu wundern. »Mit dem Wald wächst auch die Axt«, sagt ein russisches Sprichwort. Nur: Man braucht sie nicht zu benutzen.

Ist aber die Elastizität gleich Null, dann treten an ihre Stelle Starrheit, Unbeweglichkeit und das Unvermögen, rasch zu reagieren und neu herauszufordern. Dann wuchern Bürokratien und wachsen die Vorschriften. Auf der Strecke bleiben Produktivität, schöpferischer Geist und Freiheit, Mut und Wagnis. Und mit ihnen der wirtschaftliche und soziale Erfolg! Wachstum ist auf diese Art nicht zu erreichen. »Zählen, marsch!« – dieses Kommando wirkt nicht. Wir brauchen nicht noch mehr Eingriffe, wir brauchen mehr Freiheit; nicht noch mehr Verwaltung, sondern mehr Kreativität, Initiative und Flexibilität.

Statt dessen werfen aber die deutschen Sozialisten Sand ins Getriebe und empfehlen – im Lande Ludwig Erhards! – das Gegenteil des Notwendigen, eine andere, neue Wirtschaftspolitik: »... ist eine Beeinflussung und Steuerung der wirtschaftlichen Entwicklung erforderlich, die wesentlich intensiver und besser koordiniert sein muß als die bisherige Wirtschaftspolitik.« So fordert es der »Orientierungsrahmen der SPD für die Jahre 1975–1985«. Man will »die Verfügungsgewalt in der Wirtschaft demokratisch legitimierter öffentlicher Kontrolle unterwerfen«; spricht vom »privatwirtschaftlichen Sektor«; fordert, »den Handlungsspielraum des Staates gegenüber privater Wirtschaftsmacht zu erweitern«; verkündet den Bedarf »geeigneter Instrumente staatlicher Beeinflussung und Förderung, Planung und Lenkung des Wirtschaftsprozesses, um die Ziele sozialdemokratischer Wirtschaftspolitik zu erreichen«; diskutiert »Investitionskontrolle« und spricht sich für die »systematische« Erhöhung der »Planungsfähigkeit des Staates« aus. Das alles führt doch nur zu neuen Behörden, neuen Steuern, zu weniger Produktivität, zu weniger Kaufkraft und weniger sozialer Sicherheit. Sie haben von Ludwig Erhard nichts gelernt! Sie haben seinen Erfolg nicht verstanden und ihren Mißerfolg nicht begriffen. Natürlich wollen sie das nicht: Arbeitslosigkeit und Inflation, Finanzkrise und hoffnungs-

lose junge Leute. Aber es ist ihnen nicht zugestoßen, ist kein fremdbestimmtes Ereignis, nicht von außen hereingekommen; es ist bewirkt: Der grüne Tisch dieser Ideologie und das wirkliche Leben – das sind zwei Welten. Das paßt nicht zusammen. Eine so komplexe und komplizierte Wirtschaft und Gesellschaft wie die der Bundesrepublik Deutschland, eines in Sozialqualität und Leistung herausragenden Industriestaates, läßt sich nicht über den Leisten einer voreingenommenen Ideologie schlagen. Wo immer stärkere Reglementierung und dadurch Beherrschung anwächst, schwindet mit der Freiheit der Fortschritt; und mit diesen schwinden Kraft, Überschuß und soziale Gerechtigkeit.
Neue Behörden schaffen nicht zusätzliche Wirtschaftskraft, sondern neuen Bürokratismus, Gängelei, Dirigismus. Keiner weiß das besser als die qualifizierten Beamten!
Leider ist es nötig, erneut diese Debatte zu führen: Statt daß man hierzulande – und anderswo – sich darauf konzentriert, den neuen Herausforderungen mit neuen Anstrengungen, mit mehr Gedankenfreiheit und Initiative zu begegnen, den jungen Menschen Ziel und Chance zu geben, diskutiert man, ob wesentliche Bestandteile unserer Ordnung nicht besser ersetzt würden. Das verstärkt die Rezession! Müller-Armack hatte recht, als er im Frühjahr 1975 zur Konjunktur in der Bundesrepublik Deutschland schrieb: »Was sich in den letzten Jahren in der Bundesrepublik Deutschland vollzogen hat und in der gegenwärtigen Rezession seinen Ausdruck findet, ist das Vordringen des demokratischen Sozialismus. Dieser neue wirtschaftspolitische Status hat sicherlich nichts zu tun mit Kommunismus, Verstaatlichung und antidemokratischer Diktatur. Es ist vielmehr eine ohne sofortige Systemänderung vollzogene, aus einer Fülle von Einzelmaßnahmen bestehende Wandlung, durch die die Soziale Marktwirtschaft, die in der Vergangenheit

bestand, den Belastungen eines neuartigen wirtschaftspolitischen Denkens ausgesetzt wurde ... Durch eine Fülle von Einzelmaßnahmen werden Stück um Stück antimarktwirtschaftliche Elemente in unsere wirtschaftspolitische Umwelt eingeführt. Dieser demokratische Sozialismus hat zweifellos zur Verschärfung der ohnehin vorhandenen Depressionstendenzen geführt.« (In: Wirtschaftspolitische Chronik des Instituts für Wirtschaftspolitik der Universität zu Köln, 24. Jg. 1975, H. 1, S. 9.)
Wir sind dabei, den Ast abzusägen, auf dem unsere Früchte reifen; statt Überschüsse zu produzieren, erzeugen wir Mangel – um ihn dann zu verwalten: Numerus clausus, zuwenig Steuergelder und Arbeitsplätze, zuwenig Chancen für junge Menschen, alles wird knapp. So soll dann, wie gefordert wird, noch mehr reglementiert werden, weil angeblich das »System« versagt hat.
Die Wahrheit ist anders: Hat man vorher versucht, durch freie Initiative und Wettbewerb, durch Risiko und Phantasie der Bürger, durch Spontaneität und Anstrengung, durch Anstoß aus öffentlichen Mitteln und Steuervorteile die Probleme zu lösen? Warum machen wir uns trotz der versuchten Ölerpressung keine Gedanken mehr über »Recycling«? Warum haben andererseits trotz Milliarden und Abermilliarden für die Bildung zu viele junge Menschen keinen Platz zum Lernen, zum Arbeiten, zum Wirken, zum Vorwärtskommen? Warum gibt es zugleich überfüllte Klassen, ausfallende Unterrichtsstunden und arbeitslose Lehrer?
Laßt den Staat Einfluß nehmen, wo er hingehört, wo er unerläßlich ist, wo es ohne ihn nicht geht. Überlaßt aber das andere den Bürgern, der Freiheit, ohne die es nicht geht! So ist die Bundesrepublik Deutschland etwas geworden, das sich sehen lassen kann. So kann sie es bleiben. So werden wir

die Errungenschaften mehren. Nochmals: Wer gängelt, lähmt! Mit ein bißchen Marx hält man Marx nicht auf!
Noch mehr Staat in der Wirtschaft? Schon jetzt sind hier mehr als zwei Drittel der Kreditinstitute öffentlich-rechtlich, genossenschaftlich oder gemeinwirtschaftlich. Unsere Bundesunternehmen produzieren doppelt soviel wie Krupp, Henkel, Flick und Quandt zusammen. Fast die Hälfte unseres Sozialproduktes läuft durch die öffentlichen Kassen.

Vergessen wir bei alledem nicht die Sozialqualität, die wir oben forderten. Es geht nur miteinander aufwärts!
Die Welt beneidet uns um unsere Arbeiterschaft. Wir können stolz auf sie sein. Und unsere Betriebsräte gehören ganz überwiegend zu den positiven Punkten unserer Ordnung.
Bei aller Kritik an der Einseitigkeit und Härte einzelner Gewerkschaften – ich hätte nicht gerne britische, amerikanische oder italienische.
Und unsere Arbeiter sollten sich einmal fragen, welche Unternehmer sie eigentlich wollen. Sozialere und erfolgreichere werden sie anderswo kaum finden.
Wenn wir gesellschafts- und wirtschaftspolitisch in gegenseitiger Achtung miteinander handeln, kann und wird ein neues Klima entstehen, und mit diesem das Fundament für eine neue Anstrengung, für eine neue Leistung der Deutschen – und die ist unerläßlich, wenn wir nicht auf welkenden Lorbeeren ausruhen, sondern die neuen Herausforderungen der Weltwirtschaft, der Rohstoffknappheit, der Dritten Welt bewältigen wollen.
Ich bin für die neue Anstrengung.
Die jetzt junge Generation ist bereit, und sie ist auch fähig, mit demselben Erfolg die Ärmel aufzukrempeln, um mit den neuen Herausforderungen fertig zu werden, wie wir es nach dem Kriege taten.

Voraussetzung für den Erfolg ist eine politische Führung, die Ziele setzt und Konzeptionen hat; die zur geistigen Führung fähig ist; die nicht beherrschen, sondern ermuntern, nicht reglementieren, sondern ordnen will; die nicht heute verbraucht, was erst morgen erarbeitet wird; die Leistung belohnt, zur Initiative ermutigt und alle am Ertrag beteiligt; die weiß, daß mit der Sozialen Marktwirtschaft nur Erfolg hat, wer die Wertordnung, die ihr zugrunde liegt, bejaht. Nicht der Zahlenwust mittelfristiger Finanzplanungen, die mehr verschleiern als aussagen, nicht ständig andere dirigistische Varianten des »stop-and-go«, nicht neue »Instrumente« helfen weiter, sondern allein die Freiheit der Information, der Gedanken und des Handelns. Freiheit durch Wettbewerb und Initiative. Erfolg durch Stetigkeit.
Der Staat hat höheren Rang und mehr Würde, wenn er sich aus dem heraushält, was die Bürger ohne ihn besser können. Ebenso wie soziale Gerechtigkeit dem Kommunismus die Luft nimmt, gibt die so verstandene und praktizierte Soziale Marktwirtschaft Stärke, Aufschwung und Blüte! Luft für den Geist, für die Kreativität, für die Unternehmen, für das Wagnis – das macht überlegen!
Der Unternehmer ist kein Bösewicht, sondern einer, der Grundrechte mit Leben erfüllt; der für alle etwas wagt und bei Erfolg auch Lohn für seine Leistung haben soll. Und das Unternehmen ist ein partnerschaftlicher Sozialverband, der die Kraft erzeugt, von der alle leben. Der Staat soll den Rahmen abstecken und auf die Finger gucken, nicht aber in die Speichen greifen.
Seit eh und je sind die Arbeitskraft und die schöpferische Leistung die Hauptquellen aller sozialen und politischen Möglichkeiten. Ohne Steigerung der Produktivität gibt es kein Wachstum, und ohne Wachstum keine Kraft für Neues, statt dessen aber Rückschritt. Seit fünf Jahren ist das reale

Wachstum der Investitionen hierzulande gleich Null – trotz eines Staatsanteils von 47%, trotz öffentlicher Schulden, trotz Steuererhöhungen, trotz Papieren, Plänen, Großsprecherei! Vielleicht versucht man es einmal andersherum? Mit mehr Freiheit zum Beispiel? Hat nicht die privatwirtschaftliche Antwort »technological gap« und »recycling« bezwungen?
Schwarzmalerei?
So spricht Herr Schlecht, Staatssekretär im Wirtschaftsministerium der Bundesrepublik Deutschland: »Um wieder auf einen angemessenen Beschäftigungsgrad zu kommen – und das wird in den nächsten Jahren nicht wie früher eine Arbeitslosigkeit von weniger als 1 %, sondern 2 bis 3 % bedeuten –, brauchen wir einen Anstieg des Produktionspotentials von heute 2 auf mittelfristig 3,5 %. Damit schaffen wir mittelfristig wieder rund 5 % reales Wirtschaftswachstum. Doch die entscheidende Voraussetzung ist, daß wir bei den realen Investitionen eine Zuwachsrate von durchschnittlich 8 % jährlich erreichen. In den letzten fünf Jahren hatten wir praktisch null.« (DIE ZEIT VOM 20. 2. 76.)
»Moderneres Deutschland?« Armes Deutschland!
Ludwig Erhard hat nie so gesprochen – nie so kompliziert, nie so rechnerisch. Er wußte es eben besser. Er kannte die Welt und die Menschen. Ideologie war ihm ein Fremdwort. Und Gängelei ein Greuel.

Jeden Montag um neun Uhr besuchte ich Bundeskanzler Ludwig Erhard im Palais Schaumburg. Das Geheimnis seines Erfolges war die vollkommene Übereinstimmung zwischen seiner Idee und seiner Person. Soziale Marktwirtschaft ist, wie gesagt, nicht nur eine ökonomische Methode, sondern zuerst Ausdruck einer Gesinnung, Haltung und Wertordnung. Diese Übereinstimmung von Idee und Persönlichkeit war bei Ludwig Erhard in einer Weise gegeben, die ich nur ganz, ganz selten angetroffen habe.

Der Montagmorgen war für die Staats- und Parteigeschäfte günstig: nicht nur wegen der Stetigkeit, die jede regelmäßig wiederkehrende Verabredung zum Vorteil sachlicher und kontinuierlicher Arbeit mit sich bringt, sondern auch wegen des Zeitpunktes vor allen anderen Sitzungen der Regierung, des Parlamentes, der Europäischen Gemeinschaft, der Fraktionen und der Parteien. So konnten rechtzeitig die Weichen gestellt werden. (Alle Reparaturarbeiten, wenn erst einmal Probleme, Konflikte, Mißverständnisse entstanden sind, sind zeitraubend, teuer und engen den Entscheidungsspielraum ein.) Unser Wochenbeginngespräch war also politisch »optimal getimed«, wie man in heutigem »Deutsch« wohl sagen würde.

Montag früh, neun Uhr, war aber zugleich eine schlechte Zeit – für Erhard wie für mich. Entweder kam man von einer Wochenendtagung oder von Wahlreden – irgendwann wird in Deutschland immer irgendwo gewählt – müde in den Bonner Alltag zurück oder der Arbeitsbeginn nach der seltenen Erholungspause eines freien Sonntags schmeckte überhaupt nicht. Und ohne die Lektüre von Zeitungen, anderen Nachrichten und Vermerken vor diesem Gespräch ging es auch nicht. Ungefähr zwei Stunden benötige ich morgens an jedem Tag für die eigene Information einschließlich der Zeit für Notizen und erste Telefonate.

Ludwig Erhard konnte meine und ich konnte seine Stimmungslage an dem abmessen, was uns – neben vielem – verbindet: an den Zigarren. Erhard hatte vier – eigentlich fünf – Möglichkeiten, seinem Besucher Zigarren anzubieten. Er rauchte ohnehin.

Nummer eins: Er rauchte; der Besucher hätte also getrost

auch zugreifen und rauchen können. Wozu sonst standen die Zigarrenkisten geöffnet auf dem Tablett?
Nummer zwei: Er rauchte und wies den Gast auf die Kisten: »Bitte, bedienen Sie sich.«
Nummer drei: Er griff in seine Jackettasche, brachte zwei hüllenlose, unversehrte Zigarren besserer Qualität zum Vorschein und übergab eine davon dem Gast. Es ist Erhards Geheimnis, wie er Zigarren lose in der seitlichen Außentasche seines Anzugs stundenlang mit sich tragen kann, ohne sie zu knicken oder das Deckblatt zu beschädigen!
Nummer vier: Ludwig Erhard erhob sich und ging an seinen Schreibtisch, um aus einem goldenen Zigarrenkasten für den Gast eine besondere Zigarre zu holen. Diese goldene Zigarrenkiste hatte Präsident John F. Kennedy für Ludwig Erhard als Geschenk anfertigen lassen, doch zur nächsten Begegnung war es nicht mehr gekommen: Der Tod war schneller. Und so hatte Präsident Johnson die goldene Kiste im Sinne des Ermordeten überreicht.
Nummer fünf: Ludwig Erhard begab sich an seinen Schreibtisch, griff zum Schlüsselbund, schloß das rechte Seitenfach auf, nahm ein Kästchen exquisiter Provenienzen und kam, dem Besucher das Beste vom Besten eigenhändig anzubieten.
Ich nahm oft eine Zigarre nach Modell eins, entweder weil ich gar nicht darauf achtete oder weil ich etwas wollte oder schlecht gelaunt war. Im Fall von Modell zwei wehrte ich in der Regel dankend ab. Akzeptierte Erhard das, standen die Dinge nicht gut. Standen sie aber gut, so steigerte der Kanzler auf Nummer drei. Hatte er etwas auf dem Herzen – eine Schwierigkeit, etwas Unangenehmes oder Dank –, so kam es zu Nummer vier. Nummer fünf fand nur im Zustande völliger politischer und persönlicher Harmonie bei guten Nachrichten statt.

In der Erinnerung an dieses Zigarrenprotokoll denke ich an Ludwig Erhards Leistung, an gemeinsame Arbeit und – an gemeinsamen Qualm, der immer auf andere Weise zustande kam. Gerade das jeweils Typische dieses Zustandekommens enthielt stumme Zeichen hoher und feiner Sensibilität und Rücksicht. Jeder wußte, wie es um den anderen stand, ob es Besonderes gab oder das Übliche. Und das ohne banale Fragen und peinliche Antworten. Zigarren stellten und beantworteten die morgendlichen Fragen: »Wie geht es Ihnen?« und »Was machen wir nun?«

Ob ich denn allen Ernstes nichts Neueres anzubieten hätte als diese Soziale Marktwirtschaft, mag man fragen. Da gebe es doch so viele neue Tatsachen, Einwirkungen, Zusammenhänge; Strukturfragen hinter Konjunkturproblemen; europäische Verwerfungen; weltwirtschaftliche Verhärtungen; Umwelt und Geburtenüberschuß; zu viele Menschen in Bereichen, die künftig eher Hilfe benötigen als Wachstum bringen. Und Wachstum sei – für einige – ohnehin eine Sünde.
Ich habe mich bemüht, auch diesen Entwicklungen auf den Grund zu kommen. Gerade deshalb rate ich dazu, nicht noch mehr Bevormundung, sondern mehr Freiheit zu geben! Ich warne davor, vom heutigen Stand der Erkenntnis einfach linear hochzurechnen. Früher hat die Montanunion auf diese Weise höchst fehlerhafte Kohleprognosen ermittelt und darauf ihre Politik gegründet. Gerade erlebten wir, wie sich ölliefernde Länder so folgenschwer verrechnet haben. Sicher ist nur, daß der Mensch neue Daten, neue Antworten und Ergebnisse erzeugen wird! Im rechtlichen Rahmen, den der Staat setzt, sollen Anreize gegeben werden für alle, die den ökologischen Grenzen zu Leibe rücken, indem sie diese durch bessere Technik überwinden; denn wir

brauchen Wachstum in einer Welt mit wachsender Bevölkerung. Wachstum bedeutet doch: Kraft für Neues. Und es ist so viel neu und besser und sozialer, menschlicher und nachbarschaftlicher zu gestalten!

Die deutsche Volkswirtschaft hat kürzlich erneut erstaunliche Leistungen vollbracht: Die »technologische Lücke«, der Abstand zu den USA in industriell-technisch-wissenschaftlicher Hinsicht, ist beseitigt und die Erdölherausforderung ist vorerst bezwungen – ohne neue Ämter, ohne Dirigismus. Statt stolz auf die Leistung freier Männer und Frauen von Bildung und Wissen zu sein, verunsichert die politische Führung jene, die das schafften, indem man ihnen behördliche Vorschriften vorsetzen möchte.
Wer die ohnehin schon geschwächte Elastizität der deutschen Volkswirtschaft noch weiter zerstört, vernichtet das wirtschaftliche Fundament unserer Zukunft. Der nimmt uns auch die Kraft, durch soziale Überlegenheit der marxistischen Herausforderung gewachsen zu sein.
Achten wir bei diesen Entwicklungen auf jeden Millimeter! Hier – mehr als in Berlinguers schillernden Reden – ist ein entscheidendes Gefechtsfeld der inneren Front im großen Kampf um die Zukunft der Freiheit. Und das haben wir selbst in der Hand.
Soziale Marktwirtschaft ist nicht nur die beste ökonomische Methode, durch Dezentralisation wirksam zu sein. Sie entspricht der Natur des Menschen: Sich entfalten können; Lohn für Leistung erhalten; etwas für die Kinder zurücklegen; selbst entscheiden; etwas wagen. Das ist der Motor des Fortschritts.
Hier ist nicht nur Pragmatismus am Werk, der am bewiesenen und unbestreitbaren Erfolg orientiert ist. Der Christ weiß um Erlösung und ist deshalb stets gegen diesseitige

Utopien; er weigert sich, alles auf ein irdisches Endziel »vorzuprogrammieren« und für dieses Ziel dann alles ohne Rücksicht und mit allen Mitteln einzusetzen. (Siehe auch Alfred Müller-Armack, a. a. O., 1973, S. 15 ff.) Aber auch der Bürger ohne diesen Glauben, der an Gemeinwohl, Friedfertigkeit und Anstand interessiert sowie um seine Freiheit, Unabhängigkeit und Privatheit bemüht ist, der deshalb Einseitigkeit, Einparteienherrschaft und emotionale Konfrontation in der Politik ablehnt, dieser Bürger spürt und erfährt auf vielfältige Weise, daß der Markt, indem er Angebot und Nachfrage zusammenspielen läßt, *Ausgleich* bewirkt; daß nicht nur einer da ist; daß keiner befiehlt; daß mehrere miteinander ringen und daß er, der das sieht, den Zuschlag gibt. Wie sähe unsere gesellschaftliche und wie unsere staatliche Wirklichkeit aus, wenn es diesen Ausgleich durch den freien Markt nicht gäbe?
Demokratische Wirklichkeit und soziale Gerechtigkeit auch durch ein – vordergründig »nur« – ökonomisches System!

*

DEUTSCHLAND bleibt auf der Tagesordnung der Geschichte. Obwohl nun zwei Staaten in Deutschland da sind, gibt es zugleich ein Volk und eine Nation. Wer, ob im Westen oder im Osten, auf den geistigen und politischen Kampf um das Ganze verzichtet, überläßt dem anderen den Sieg. Wer hier siegt, gewinnt nicht nur in Deutschland. Wer hier verliert, unterliegt weithin.
Das ist nicht teutonischer Größenwahn, sondern – leider – die Lage. In Deutschland wird mehr als eine Schlacht im Kampf zwischen Kommunismus und Freiheit, zwischen Diktatur und Demokratie entschieden. Und das Ergebnis wirkt über Deutschland hinaus – wie Hitler darüber hinaus

wirkte. So sind nun einmal unser geographischer und geschichtlicher Platz sowie unser sozialer und wirtschaftlicher Rang. Wer das nicht mag oder glaubt, das wegdiskutieren zu können, ändert keine Tatsachen. Er verhilft nur der anderen Seite zum Sieg. Und niemand in der Welt glaubt, daß die Deutschen aufhören wollen, aufhören werden oder aufgehört haben, als Volk geeint zusammenzuleben. Wer den Eindruck erweckt, wir hätten uns mit der Spaltung abgefunden, erzeugt Mißtrauen: Wie denn, in der ganzen Welt sollten Selbstbestimmung und nationale Würde wirkkräftige Triebfedern sein – nur nicht bei den Deutschen?

Ich möchte allen – Deutschen wie Ausländern – empfehlen, diese Sätze aus der Rede des Chefs der KPdSU Leonid Breschnew vom Februar 1976 einmal mit deutschen Augen und als östliche Antwort auf unsere Probleme zu lesen:

»Heute, da die Entspannung zu einer realen Gegebenheit geworden ist, erhebt sich häufig in der internationalen Arbeiterbewegung wie auch unter ihren Gegnern die Frage, wie sie den Klassenkampf beeinflußt. Manche bürgerlichen Politiker tun verwundert und schlagen Lärm über die Solidarität der sowjetischen Kommunisten, des sowjetischen Volkes mit dem Kampf anderer Völker für Freiheit und Fortschritt. Das ist entweder Naivität oder am ehesten vorsätzliche Hirnverkleisterung. Steht doch mit unüberbietbarer Klarheit fest, daß Entspannung und friedliche Koexistenz in den Bereich der zwischenstaatlichen Beziehungen fallen. Das bedeutet vor allem, daß Streitigkeiten und Konflikte zwischen den Ländern nicht durch Krieg, nicht durch Gewaltanwendung oder Gewaltandrohung beigelegt werden dürfen. Die Entspannung hebt die Gesetze des Klassenkampfes keineswegs auf, und sie kann diese Gesetze weder aufheben noch abändern. Niemand kann darauf

spekulieren, daß im Zeichen der Entspannung die Kommunisten sich mit kapitalistischer Ausbeutung abfinden oder die Monopolherren zu Anhängern der Revolution werden.«
Im Klartext also: Der Kampf geht weiter.

Ich bin froh und dankbar, im freien Teil Deutschlands zu leben. Ich achte diese Bundesrepublik Deutschland, den besten Staat der deutschen Geschichte. Ich bin bereit, ihn und seine Ordnung nach innen und nach außen zu verteidigen. Ich bin stolz, zur Wirklichkeit dieses Staates durch politische Arbeit beigetragen zu haben. Mein Vaterland aber bleibt Deutschland.
Diese Gesinnung ließ mich am 17. Juni 1966, dem Tag der deutschen Einheit, bei einer Rede in New York sagen: »Ein erneuertes Deutschland ist da. Eine Generation wächst heran, der niemand neue heimliche Stempel wegen einer endgültig gewesenen Vergangenheit aufdrücken sollte ... Wir wissen, daß auf die Dauer die Herrschaft über Mauern und Räume nicht genügt. Die Menschen – auf die kommt es an ... Ein gespaltenes Volk kann nicht bequem sein. Wer täglich Unmenschlichkeit im eigenen Lande erdulden muß, darf nicht schweigen. Wem die Welt vorwirft, früher geschwiegen zu haben gegen Unrecht, der muß die gewandelte Gesinnung durch Treue zum Prinzip der Menschenrechte beweisen – auch wenn er dadurch lästig fällt ... Moskau glaubt, aus wesentlichen militärischen, ökonomischen und ideologischen Interessen die SBZ erhalten ... zu müssen. Ich glaube, daß die Moskauer Deutschlandpolitik auf Irrtümern aufgebaut ist ... Was ist – militärisch – für die Sowjetunion wichtiger: das Gebilde SBZ, das sie ›DDR‹ nennt, oder die Anwesenheit der Roten Armee in Deutschland? ... Die SBZ kann aus sich gar nichts. Was sie kann,

vermag sie durch die Rote Armee ...« Warum, so fragte ich, sollten solcher Interessen wegen die Menschen in Dresden anders leben als die in Köln?
US-Präsident Johnson hat mir am gleichen Tage im Gespräch sein positives Interesse an dem Versuch bekundet, zumindest die Initiative zu einer möglichst internationalen Lösung der deutschen Frage zu erreichen und damit in Mitteleuropa Entspannung und im Ost-West-Konflikt eine neue Entwicklung herbeizuführen. UNO-Generalsekretär U-Thant sah es ähnlich. Und Charles de Gaulle bat mich kurz nach dieser Rede bei seinem Besuch in Bonn zu sich, begrüßte einen »nicht nur in New York mutigen deutschen Europäer«.
Das konnte ich mehr als dringend gebrauchen! Denn in Bonn hatte man meinen Vorstoß gröblich mißverstanden und mißdeutet. Entgegen der ständigen Übung waren bei meiner Rückkehr nur meine Frau und Herr Rösing zur Begrüßung gekommen – sonst herrschte gähnende Leere. Schlimme Tage standen mir bevor. Man sah in dieser Rede alles Mögliche und Unmögliche – nur den Gehalt wollte man nicht sehen. So trat die merkwürdige Situation ein, daß man in West und Ost – auch von dort war Interesse signalisiert worden – gerne diese Gedanken erörtert, vertieft und näher bedacht hätte, daß es aber nicht dazu kam.
Damit wurde es mehr oder weniger zwangsläufig eine Frage der Zeit, das direkte Gespräch mit dem anderen Staat in Deutschland zu führen.
Die Philosophie dieser nun gebotenen Politik?
»Der DDR muß zugemutet werden, der Realität der Einheit unseres Volkes in dem Maße Rechnung zu tragen, in dem wir der Realität ins Auge sehen, daß die staatliche Einheit Deutschlands zur Zeit nicht verwirklicht werden kann. Wir sind – bei allen grundsätzlichen Unterschieden, die wir

nicht verwischen – im Interesse der Menschen in dem Maße zum Miteinander mit der DDR bereit, in dem diese Schritt um Schritt den Weg für die Freizügigkeit freigibt.« So habe ich das für unser »Regierungs-Programm 1972« formuliert.
Es steht mehr dahinter: Entspannung auch in Deutschland. Freizügigkeit für Menschen, Informationen und Meinungen. Durch stärkere Zusammenarbeit zu mehr Freizügigkeit, zu mehr erlebter Zusammengehörigkeit. Durch größere Freizügigkeit zu mehr Freiheit und mehr Selbstbestimmung.

Keiner in Deutschland hat Anlaß, rechthaberisch über die Deutschlandpolitik zu sprechen, oder sich selbst auf die Schulter zu klopfen. Weder unsere Politik – nach wie vor die an Risiko ärmere – hat eine Lösung der deutschen Frage im Sinne des Grundgesetzes und der Westverträge gebracht, noch ist es der – nach wie vor an Risiko reicheren – Politik der Koalition gelungen, auch nur das Miteinander der Menschen hüben und drüben zu erreichen.
Wir hier, in der Bundesrepublik Deutschland, haben die längste Epoche in unserer Geschichte mit Demokratie und Frieden, sozialer Wohlfahrt, anwachsendem Wohlstand und beachtlichem Ansehen in der Welt geschaffen. Wir haben stolze Zahlen und große Leistungen aufzuweisen.
Den Frieden für alle Deutschen, den Frieden durch Menschenrechte – und das ist auch für unsere Nachbarn der einzig dauerhafte Friede – haben wir nicht erreicht. Und dabei sind wir heute vom Kriegsende schon weiter entfernt als vom Jahre 2000.
Wie wird die gesamtdeutsche Bilanz in dieser Perspektive nach 25 Jahren aussehen, im Jahre 2000?
Zwei Staaten sind in Deutschland entstanden, aber die

Deutschen fühlen sich als ein Volk und als eine Nation. Ich habe dies in der DDR persönlich bestätigt gefunden.
Die Bundesrepublik Deutschland ist ein demokratischer und sozialer Rechtsstaat und ruht auf dem freien Entschluß aller Deutschen, die nicht gehindert waren und gehindert sind, von ihrem Selbstbestimmungsrecht Gebrauch zu machen.
Die DDR ist aus anderem Stoff gemacht. Der Wille der zweiten Weltmacht hat sie gezeugt, großgezogen und erhält sie. Zöge Moskau seine Hand weg, bräuchten wir uns um das Selbstbestimmungsrecht unserer Landsleute keine Sorgen mehr zu machen. Aber das sind Hypothesen. Moskau steht an der Elbe, und die SED hat das Heft in der Hand.
Ich übersehe weder die Realität DDR noch die Tatsache, daß es ihr gelungen ist, sich den Eintritt in die Staatengemeinschaft zu erzwingen, amtliche Beziehungen zwischen beiden Staaten in Deutschland herzustellen und den zehnten Platz in der Rangliste der Industrieländer der Welt zu behaupten. Und dies alles, obwohl die DDR und ihre Führung durch die Existenz der Mauer und des Todesstreifens weiterhin den Beweis dafür liefern, daß sie die Bevölkerung gegen sich haben; daß sie Menschenrechte nicht dulden und im sozialen, humanen und wirtschaftlichen Bereich gegenüber Leistung und Fortschritt im freien Deutschland weit zurückbleiben – der Lebensstandard ihrer Menschen liegt hinter dem der unseren fast um die Hälfte zurück. Ideologisch hatte und hat die DDR den Auftrag, kommunistische Speerspitze in Deutschland und Europa zu sein und zugleich zu beweisen, daß Kommunismus nicht nur für Entwicklungsländer »paßt«; daß er vielmehr auch für entwickelte Industrieländer eine Möglichkeit ist.
Ich habe das hier nicht aus der Sicht internationaler Kom-

munisten zu bilanzieren. Für meine Erwägungen genügt die Feststellung: 27 Jahre nach Beginn unserer parlamentarisch-demokratischen Arbeit müssen wir feststellen, daß die gesamtdeutsche Bilanz anders ist, als wir wohl alle sie 1945 angestrebt und erwartet haben.

Mein Stufenplan (Dezember 1971) sollte die Lage der Deutschen in Deutschland bessern und den Prozeß der Besserung auf lange Zeit sicher machen. Schritt um Schritt, Leistung um Gegenleistung, Zug um Zug sollten beide Seiten ihren Beitrag zu einer Friedensordnung in Europa leisten, so daß am Ende zwei deutsche Staaten in die UNO gelangen sollten, deren Bürger in möglichst weitgehender Freizügigkeit miteinander verkehrten und deren Verhältnisse auf vielfältigste Weise untereinander durch Abmachungen geregelt werden sollten.

Mein Vorschlag enthielt einen realistischen, konkreten Weg der hundert Schritte zum Ziel. Ich war nicht bereit, wie Brandt und Bahr mit einem angeblich kühnen Sprung alles zu riskieren. So wollte ich tatsächlich Entspannung und nicht die andere Seite durch doppeldeutige Vertragsformulierungen zur ständigen Verletzung des Geistes der Verträge einladen. So sollten unsere Landsleute die Zuversicht erhalten, daß der Horizont für unser Volk nicht dunkel bleibt, auch wenn wir lange in zwei Staaten zu leben gezwungen sind. Dem Ansehen des Rechtes und der Verträge wollte ich neue Geltung verschaffen, indem durch ein zwar mühseliges, aber aufrichtiges Abwägen der Interessen Zug um Zug Abmachungen geschaffen werden sollten, die von beiden Seiten strikt eingehalten und nicht einseitig ausgehöhlt oder manipuliert werden konnten. Es ist lebensgefährlich, in einer so labilen Weltlage mit Verträgen zu spielen! Man muß geschlossene Verträge halten; pacta sunt servanda.

Das müssen wir aber auch von unseren Vertragspartnern verlangen und erwarten dürfen.

Wer wird behaupten wollen, das Ergebnis der Vertragspolitik, die leider ganz andere Wege ging, sei zufriedenstellend? Was wir damals in einen realistischen Prozeß der Überwindung der Gegensätze einbringen wollten, ist von der Koalition auf einen Schlag vergeben worden. Das war nicht nur vertrauensselig, das war dumm! Die SED hat mit der Politik des Gegensatzes, mit der Abgrenzungspolitik geantwortet. Dies wäre ihr bei der Verfolgung eines Stufenplanes nicht möglich gewesen, wenn sie sich nicht ins eigene Fleisch hätte schneiden wollen.

Was tun?

Es gilt, den Vertragspartner DDR zur Vertragstreue anzuhalten. Ich schlage vor, jene immensen Vorzüge, die wir im wirtschaftlich-technischen Bereich der DDR einräumen, in regelmäßigen, nicht zu langen Abständen einer Prüfung durch den politischen Willen des Gesetzgebers zu unterwerfen. Nichts hat sich so wirksam erwiesen, die Bereitschaft der SED zu Lösungen günstig zu beeinflussen, wie unsere Öffentlichkeit. Sie muß beständig und aufrichtig informiert und nicht im unklaren gelassen und irregeführt werden. Eine orientierte Öffentlichkeit und ein Parlament, das seinen politischen Willen in die Waagschale wirft, sind Elemente, die für die Gestaltung der innerdeutschen Verhältnisse mobilisiert werden können.

Wir dürfen uns nicht darüber hinwegtäuschen, daß die deutsche Frage – die Zukunft unseres Volkes – die Geschicke der Bundesrepublik Deutschland aufs tiefste prägt. Dabei haben wir es nicht etwa nur mit einer verstaubten Festlegung der Verfassung zu tun – das könnten nur verbohrte Ideologen denken! –: Das ganze deutsche Volk bleibt aufgerufen, seine Einheit in Freiheit zu vollenden.

Nur wer den Ablauf der Geschichte für eine Kette purer Zufälle hält, wird die gemeinsame deutsche Vergangenheit nicht ernst nehmen wollen. Jeder von uns wäre nicht der er ist, wäre er nicht Deutscher.
Es geht nicht ums Gütesiegel. Es geht um die Identität in dieser labilen Welt voller Fährnisse. Identität sind wir nicht nur uns selbst, wir sind sie auch unseren Nachbarn schuldig, Freunden und Gegnern, damit sie wissen, woran sie mit uns sind, und sich nicht verkalkulieren.
Wenn wir die deutsche Frage bedenken, müssen wir auf unseren Kontinent, auf die Lage in der ganzen Welt schauen. Allein können wir uns nicht behaupten, geschweige die deutsche Frage der Lösung näher bringen. In der UNO fordert ein Mann unter Beifall die Beseitigung eines Staates, der existiert und dessen Existenz in UNO-Beschlüssen fixiert ist. Peking wirft Moskau Falschspiel in Korea vor: Der Kreml wolle die koreanische Wiedervereinigung verhindern. Die Ansichten der Chinesen über die Lage in Europa und Deutschland unterscheiden sich von denen Moskaus zutiefst. Ich erwähne diese Tatsachen, weil sie zeigen, daß nicht alles so unabänderlich ist in der Welt, wie es manchem scheinen mag.
Aber wir dürfen auch nicht übersehen: Vieles in der gegenwärtigen Weltlage ist so labil, daß wir hier mehr Stabilität und Festigkeit wünschen. Wie wollen die Deutschen jemals die Chance erhalten, über ihre Zukunft selbst zu bestimmen, wenn die Lage in Europa so zerfahren und verspannt bleibt wie in diesen Monaten? Wir werden unsere Chance nur in einer europäischen Friedensordnung finden. Wie aber soll es dahin kommen, wenn sich nicht einmal die freien Völker West- und Mitteleuropas zu einigen vermögen? Denn dies ist klar: Im Alleingang werden wir es mit Moskau zu nichts bringen.

Unsere ganze geistige, politische und moralische Kraft ist erforderlich. Nicht unser politischer Einheitswille allein bringt uns ans Ziel: den vermag Moskau abzublocken. Was allein die Lage für unsere Landsleute zu erleichtern und die Situation Europas zu ändern vermag, ist geistige Führung. Wenn der Kommunismus den Zugriff auf den einzelnen nicht weiter brutalisiert hat, wenn da und dort Regungen der Freiheit sichtbar geworden sind, dann deshalb, weil die westlichen Staaten dem Osten – und in Deutschland wir der SED – gezeigt haben, daß es eine erfolgreiche Alternative zu Diktatur, Unterdrückung der Menschenrechte, Zwangswirtschaft und geistiger Knebelung gibt: den freiheitlichen sozialen Rechtsstaat. Konkrete Deutschlandpolitik heißt deshalb zuerst und zunächst, die Bundesrepublik Deutschland ihrer Verfassung gemäß immer mehr zu dem zu machen, was sie sein soll: eine Heimstatt der Freiheit, des Rechts und der sozialen Gerechtigkeit, die auf der Erde ihresgleichen sucht.

Das alles wird manchem in der Welt vielleicht wegen der Aufrichtigkeit imponieren, aber sonst eher übel aufstoßen. Die so denken, sollten – bevor sie endgültig die Nase rümpfen – überlegen: Was wäre, wenn das freie Deutschland sich auf etwas anderes einließe? Wenn es sich arrangierte? Wenn es allein den Kommunisten den Einheitswillen überließe? Wenn es sich aus der Spannung fortstehlen würde und diese sich deshalb noch mehr und noch direkter nach Paris und Rom und London bewegte? Haben wir vergessen, daß die Schwächung Deutschlands zur Verlagerung der Ost-West-Spannung von Berlin nach Westeuropa geführt hat?

Manche im Inland und manche im Ausland empfehlen uns Neutralismus. Unser geschichtlicher Platz erlaubt das nicht. Auch als ein sowjetisches Hongkong wären wir zu

groß. Wir können uns, selbst wenn wir wollten, nicht fortstehlen aus der Spannung unserer Zeit!
»Wir haben Freunde und Verbündete in der Welt gewonnen, zu denen wir stehen und mit denen wir zusammenwirken. Unser Platz ist an der Seite derer, die Selbstbestimmung und Freiheit so wollen wie wir; die mit uns entschlossen sind, durch gemeinsame Anstrengungen Frieden und Freiheit zu sichern; die mit uns bereit sind, Not und Armut in der Welt zu überwinden.« (Parteitag in Wiesbaden, 1972.)
Neutralismus nach außen wird hierzulande nur da und nur in dem Ausmaß entstehen, wo und wie er zunächst im Innern sich entwickelt – z. B. durch nachlassende Unterscheidung von Recht und Willkür, von Freiheit und Terror in ganz Deutschland, durch abnehmende Bereitschaft, prinzipiellen Wertentscheidungen immer Vorrang zu geben. Die außenpolitische Öffnung nach Osten und die – gleichzeitige – innenpolitische für den Sozialismus sind gefährlich!
Ich bin gegen außenpolitischen Neutralismus. Wir haben die alles übergreifende Grundentscheidung getroffen für die Freiheit, die Menschenrechte und deren Basis, die soziale Gerechtigkeit. Hier ist kein Platz für Wanken, Schaukeln oder Augenzwinkern. Ich meine: Wir stehen zum Westen, weil wir an der Seite der Freiheit stehen!
Ich will Zusammenarbeit auch mit den Staaten und Völkern des Ostens. Freilich will ich und werde ich dabei nicht zum Kommunisten werden. Ich will, daß wir alle freie Menschen bleiben. Deshalb stehen wir an der Seite derer, die denken wie wir.
Hier stellt sich nun die Frage: Und die Schweizer, die Schweden, die Österreicher, die Finnen? Es ist kein Zweifel daran erlaubt, daß ihre Mehrheiten auf der Seite der Freiheit, der Demokratie und der Menschenrechte stehen; daß

sie nur aus besonderen historischen, geographischen, strategischen Gründen – aus Gründen, die für uns nicht zutreffen – nicht Mitglieder, wohl aber Nutznießer des atlantischen Bündnisses und der Europäischen Gemeinschaft sind. Würden wir unsere Position verändern, so würden gerade die Neutralen in Europa die negativen Folgen spüren, und wir selbst – losgelöst von Frankreich, Großbritannien, Italien und den USA – würden zwischen allen Stühlen sitzen, isoliert gegenüber dem kommunistischen Wiedervereinigungsanspruch, und damit im Begriff, unsere Freiheit in Raten zu verlieren.

Nein! *Deutschland ist kein Niemandsland.* Neutralität, Neutralisierung, Neutralismus scheiden aus dem Kreis seriöser Überlegungen aus, solange wir eine Grundordnung wie die unseres freiheitlichen und sozialen Rechtsstaates wollen. Und die wird nur bleiben, wenn wir sie für ganz Deutschland anmahnen und erstreben!

Dazu gehört auch, die Papiere von Helsinki zur Hand zu nehmen und mit der DDR Punkt für Punkt zu verhandeln: Was ist die Deklaration, was sind zwei deutsche Unterschriften für Deutschland und für die Deutschen wert?

Die Deutschen miteinander leben, sie zueinander kommen lassen; Kinder nicht zurückhalten; Brautleute heiraten lassen; nicht mehr schießen! Mehr Handel, mehr kulturellen Austausch, mehr sportliche Wettkämpfe!

Politische Spaltung nicht auf Kosten der Menschen!

*

EUROPA, genauer die politische Vereinigung des freien Europa in einem Bundesstaat, ist ein wesentliches Ziel, das noch diese Generation in Angriff nehmen muß. Wenn alles

gut werden soll mit der Sache der Freiheit, müssen wir zügig vorankommen und dieses Ziel bald erreichen. So werden wir sozial, wirtschaftlich, politisch überlegen bleiben und nicht in den Sog des kommunistisch beherrschten Osteuropa geraten. Wir werden dann die schiefe Bahn, von der ich sprach, verlassen und nicht abgleiten.
Europas Jammerbild darf uns nicht hindern, unser Ziel zu verfolgen: Die politische Gemeinschaft mit Wirtschafts- und Währungsunion, also die Europäische Union. Der erbärmliche Zustand Europas – eine Willenskrise – ist nicht die Folge des Verhaltens der Araber oder der Russen oder der Briten, sondern er ist eingetreten, weil die europäischen Regierungen das Ziel aus den Augen verloren haben und deshalb nötige und mögliche Schritte unterlassen! Wo überwiegend die Zahlungsbilanzen zur Elle genommen werden, gedeiht eben nicht die Gemeinschaft, sondern der »sacro egoismo« – übrigens wäre es ehrlicher, wenn es diesen Begriff auch auf englisch gäbe. Der ungebrochene europäische Wille würde Europa guttun! Wer fordert den noch?
Nicht aus Ungestüm will ich Europa, sondern aus Einsicht; nicht gegen die Kommunisten, sondern für uns selbst. Wir brauchen dieses Europa im Lichte aller unserer Erfahrungen als die jetzt mögliche und nötige Friedensordnung. Keines unserer Länder hat mehr die Kraft, allein Sicherheit und Wohlfahrt zu bewirken. Miteinander können wir viel.
Europäische Regierungen zögern, Europa zu vereinigen, wegen heimischer Schwierigkeiten? Die Wahrheit ist umgekehrt: Sie haben mehr Probleme zu Hause, weil sie zu wenig für Europa tun! Wie sollen Währungen und Beschäftigung stimmen, wenn es keine gemeinsame Wirtschaftspolitik gibt? Wie soll Europa eine Rolle in der Politik und in der Wirtschaft der Welt spielen, wenn es zögert, sich dafür in Form zu bringen?

Die Zusammenarbeit der europäischen Regierungen genügt nicht. Das gab es vor dem Ersten Weltkrieg auch. Wir brauchen den Zusammenschluß. Dieser bedeutet nicht, daß die Franzosen aufhören, Franzosen, daß die Deutschen aufhören, Deutsche zu sein; er bewirkt vielmehr, daß sie es bleiben können, weil allein dieser Zusammenschluß in einer Union den Völkern und Nationen, den Menschen also, eine gute Zukunft garantiert! Sonst blieben nur Satelliten englischer, französischer, italienischer, spanischer, niederländischer und deutscher Sprache.

Die Europäische Gemeinschaft ist da. Sie funktioniert – als Zollunion und als Agrarmarkt. Das reicht nicht aus. Ohne gemeinsame Politik wird auch das verkümmern. Ohne Parlament wird es keine gemeinsame Politik geben. Pläne, Versprechen, Communiqués, Absichten und Sonntagsreden zum europäischen Fortschritt füllen Bibliotheken. Was not tut, ist ein neuer europäischer Wille! Die Völker brauchen nicht Registratoren ihrer Fragen, sondern die Lösung ihrer Probleme durch gemeinsame Anstrengung. Wir müssen jetzt eine verfassunggebende Versammlung aus freien Wahlen der Europäer haben. Wir müssen sie wollen. Für uns selbst wollen. Wer das nicht will, muß wissen: Wenn im Westen die Rechnung nicht stimmt, geht sie nach Osten nicht auf! Mehr noch: Wenn sie für den Westen nicht stimmt, geht sie für den Osten auf!

Wir brauchen eine gemeinsame Wirtschaftspolitik, eine gemeinsame Währungspolitik; gemeinsame Antworten auf Umweltschutz und Mitbestimmung, auf Steuerrecht und Regionalplanung. Wir brauchen »regelgebundenes Verhalten«, also gemeinsame Ziele, gemeinsame Normen, verabredete Wege. Wir brauchen Solidarität und europäischen Gemeinsinn. Wir sitzen in einem Boot.

Was getan werden könnte und müßte, hat der belgische Mi-

nisterpräsident Tindemans in seinem Bericht 1975 gesagt. Wir dürfen nie übersehen, daß der Prozeß der Vereinigung des freien Europa nicht nur uns, sondern auch andere angeht. In den USA fürchten einige die wirtschaftliche, in der UdSSR manche die politische Kraft des Gemeinsamen Marktes. Präsident Pompidou hat mich einmal besonders darauf hingewiesen: Unser Vorhaben, das er unterstütze, sei eine schwierige Gratwanderung; wir dürften weder wirtschaftlich die USA noch politisch die Sowjetunion herausfordern, uns aber nicht – aus Rücksicht auf andere – hindern lassen, Schritt um Schritt bergauf unser Ziel in unserem Interesse zu erreichen.
Das sich vereinende Europa braucht eine Außenpolitik – mit einer Stimme. Es muß seine Beziehungen zu anderen ordnen durch einen Konsultations- und Kooperationsvertrag zwischen den USA und der Gemeinschaft; einen Kontaktausschuß mit den Staaten Ost- und Mitteleuropas; eine abgestimmte Politik gegenüber den Ländern der Dritten Welt einschließlich der Entwicklungspolitik auf der Grundlage der internationalen Solidarität.

Mein europäisches Bild der Probleme gewann ich zuerst in England. Mir war klar, daß ohne den Eintritt Großbritanniens in den Zweiten Weltkrieg die USA wohl kaum direkt eingegriffen und den westlichen Sieg herbeigeführt hätten. Ohne Großbritanniens Entschlossenheit sähe der Kontinent anders aus: Er wäre braun oder rot.
Ich kam schon 1947 nach London. Victor Golancz faszinierte damals viele. Als Sohn eines jüdischen Kaufmanns aus Polen in London geboren, war er selbst ein religiöser Christ. Seine sozialistische Überzeugung geriet ins Wanken, als Stalin mit Hitler paktierte. Er schrieb, redete und organisierte gegen Hitler, was er nur konnte. Sofort nach

Kriegsende gründete er das Komitee »Save Europe Now« (Rettet Europa jetzt), und er schlug mit seinem Buch »Our threatened values« (Unsere gefährdeten Werte) die Brücke zu Deutschland. Er berichtete über die unerträglichen Zustände im Nachkriegsdeutschland (»In darkest Germany«). Diesem Mann, den man vergessen hat, dankt Deutschland viel. Mir imponierte nachhaltig seine Humanität, die für ihn immer Vorrang hatte.
Bei Hilda Clausen in 32 Chepstow Villas lernte ich noch die geistige Atmosphäre der Emigration kennen. Frau Clausen war eine Deutsche aus Kiel, die nun drüben zusammen mit Damen aus den USA und aus Großbritannien ein Haus für politische Emigranten führte. George Bidault hat dort verkehrt wie Don Sturzo und Karl Spiecker. »People and Freedom« nannte sich die Gruppe.
Dies alles war eine andere Welt. Menschlich, gelassen, prinzipienklar. Und das alles vollzog sich in einem Staat und einem Volk ohne Bruch in seiner Geschichte. Da mußte man nichts verstecken.

Die Bürger Europas, die mit großen Mehrheiten den Zusammenschluß wollen, haben nicht vergessen, daß es um mehr geht als um kurzfristige Platzvorteile in der Zahlungs- oder Handelsbilanz: Es geht um die politische Vereinigung, um den werdenden Bundesstaat Europa, um die fortschreitende Entwertung der Staatsgrenzen – also um Freizügigkeit und Freiheit; um die gleichberechtigte Zusammenarbeit der Partner, ob groß oder klein, ob mächtig oder machtlos – also um Solidarität und Gleichberechtigung; um die Übertragung von Souveränität auf gemeinschaftliche und demokratisch legitimierte Institutionen – also um Gemeinschaft und Demokratie; um die Entwicklung einer friedlichen europäischen Politik auf der Grundlage einer neuen, gemein-

samen Rechtsordnung – also um Frieden und Recht; um die Schaffung von Voraussetzungen in ganz Europa für eine Gesellschaftsordnung, in der soziale Gerechtigkeit und soziale Partnerschaft zu Selbstverständlichkeiten werden, und schließlich um den Zusammenschluß unserer Kräfte – also um Wohlfahrt und Fortschritt.
Das ist Friedenspolitik entsprechend der Strategie der Freiheit. Lassen wir uns das nicht madig machen von Opportunisten oder von Leuten, die sich Pragmatiker nennen, weil sie nicht den Mut haben, Ziele zu setzen oder ihre Ziele zu nennen. Es sind diese Leute und ihre mittelmäßige Haltung, die den schlechten Zustand der europäischen Integration heute verschulden – nicht die Zielsetzungen und die Motive der Einigungspolitik.
Deshalb ist als erster und wichtigster Beitrag zu einer Neubelebung der Europapolitik zu fordern: Wille und Entschlossenheit, Rückkehr zu den Prinzipien sowie die Bereitschaft, das eigene Handeln in allen Phasen und in jeder Frage daran zu orientieren. Das europäisch Notwendige kann Wirklichkeit werden.
Die derzeitige Krise der europäischen Einigungsbemühungen ist so schwerwiegend, weil es sich dabei nicht lediglich um ein Problem der Integrationspolitik handelt. Das unterscheidet die Lage von früheren Integrationsschwierigkeiten, die in Marathonsitzungen, durch Verhandlungskompromisse oder durch Vertragsinterpretation gemeistert werden konnten. Es geht zur Zeit nirgends in erster Linie um Europapolitik, Außenpolitik oder um irgendeine der zur Integration anstehenden Materien. Die Ursachen liegen in der Staats-, Gesellschafts- und Innenpolitik der einzelnen europäischen Länder, die alle ihre eigenen inneren Krisen haben: soziale Konflikte, wirtschaftliche Unzulänglichkeiten, Verfassungskrisen, Orientierungsprobleme.

Diese Krisen kommen in einer überall zu beobachtenden Entwicklung zur »Stimmungsdemokratie« zum Ausdruck. Solche Stimmungen lassen sich aber nicht beliebig und auf Dauer steuern. In demokratischen Gesellschaften werden sie immer wieder auf ihre Erzeuger zurückschlagen und sie entweder gefangennehmen oder aber auch hinwegfegen.
Auch politische Moden und Stimmungen haben, wie wir sehen konnten, kurze Beine: Ost- und Reform-Euphorie sind dahin; Ostpolitik und Reformpolitik bleiben notwendig. Ebenso ist Europapolitik notwendig geblieben, nachdem die Europa-Euphorie vorbei ist. Auch die Nostalgie wird bald Vergangenheit sein. Auch ihr dürfen wir uns nicht anpassen – weder durch Reformverzicht noch durch nationalstaatlichen Egoismus.
Im Brüsseler Alltag herrscht eine barocke Wucherung von unkoordinierten Verfahren, Bemühungen und Einzelschritten vor, die schließlich nur in Zerfaserung und Auflösung enden kann. Das politische und institutionelle Problem der Europäischen Gemeinschaft bleibt die Zusammenfassung der Einzelpolitiken und der Verfahren. Dazu braucht die Gemeinschaft eine Verfassung. Mit anderen Worten: Wir stehen vor der grundsätzlichen Entscheidung, ohne die wir die europäische Integration nicht erleben werden. Es wäre gut, wenn die Debatte, die der Tindemans-Bericht ausgelöst hat, zur Berufung einer verfassunggebenden europäischen Versammlung (Konstituante) führen würde. Die Direktwahl des Europäischen Parlaments, die für 1978 vorgesehen ist, wird uns auf diesem Weg ein Stück nach vorne bringen können.
Die Zeit bis zu den Wahlen sollte ausgefüllt werden – sonst kommen diese Wahlen nicht zustande, oder es werden Wahlen für einen Traum sein, der nie Wirklichkeit wird! Wir brauchen mehr als Behauptungen – wie die von der

»Schlange« –, wir brauchen neue Wirklichkeiten, konkrete Ansätze also, zu einer gemeinsamen Politik: Es wäre sehr nützlich, die zulässige Steigerung der Geldmenge, die Höchstgrenze der Haushaltsdefizite und die Eckwerte der Konjunkturpolitik gemeinschaftlich festzulegen. Das wäre nicht nur ein Anfang durch Taten statt durch Worte, sondern zugleich eine Möglichkeit, zum Ausgleich zwischen den Ländern der Gemeinschaft zu kommen, ohne die Peinlichkeit verordneter »Auflagen« für solche Mitgliedsländer, die gerade in Schwierigkeiten sind.
Ich unterstütze lebhaft die Anleihen, welche die Europäische Gemeinschaft an Irland und an Italien gegeben hat, weil Solidarität unerläßlich ist in einer Familie, weil keiner weiß, wann er sie selber benötigen wird! (»Hochmut kommt vor dem Fall«, sagt das deutsche Sprichwort!) Ich glaube, daß das »regelgebundene Verhalten« – eine Möglichkeit der Gemeinschaft – uns allen und der Gemeinschaft über die Runden helfen kann, zum Beispiel, um Finanzleistungen vom gemeinsam orientierten Verhalten abhängig zu machen. Das geschieht in etwa schon: Nur unter förmlichen, veröffentlichten »wirtschaftspolitischen Auflagen« wurden im Frühjahr 1976 Irland und Italien Brüsseler Kredite gewährt. Da stehen dann harte Dinge in den Texten: Wiederherstellung der Zahlungsbilanz, innerstaatliche Verfahren, Begrenzung der Defizite, der Haushalte und der Ausweitung der Einkommen! Für sensible Gemüter ist das keine geeignete Lektüre ...
Warum verzichten wir nicht im Interesse aller auf diese Peinlichkeiten für einige, indem wir – für alle – gemeinschaftlich verbindliche Daten festsetzen, also »regelgebundenes Verhalten« für alle, und dann »horizontalen Finanzausgleich« durchführen?
Ich weiß, daß vielen Deutschen jetzt graut, weil sie uns als

»Zahlmeister Europas« sehen. Ich empfehle, auch hier präzise zu rechnen! Die Europäische Gemeinschaft kostet uns viel. Sie bringt aber mehr – nicht nur politisch, auch wirtschaftlich.

Funktioniert die Gemeinschaft, so zahlen wir unter den Überschriften »Agrarmarkt« und »Regionalfonds«. Funktioniert sie – wie gegenwärtig – nicht, so zahlen wir zusätzlich, weil die Wirtschafts- und Währungsprobleme einiger Nachbarn uns lähmend beeinflussen. Ginge die Gemeinschaft kaputt, käme uns dies noch teurer zu stehen: Ausfuhr und Wachstum der Bundesrepublik Deutschland wären geringer, Preise und Arbeitslosigkeit höher, Konjunkturschwankungen länger und härter. Auch wir brauchen die Europäische Gemeinschaft. Sie kostet uns viel, aber sie bringt uns wie den anderen mehr Nutzen.

So ist es an der Zeit, in Bonn nicht mehr den Moderator, sondern den Motor Europas am Werk zu sehen. Die Deutschen brauchen sich auch europäisch nicht mehr dafür zu entschuldigen, daß es sie gibt; sie können getrost die Initiative ergreifen. Man wartet darauf. (Zumal böse Zungen das Gerücht verbreiten, wir wollten – ein neuer »Teutonismus« – nur noch bilateral mit den USA und mit der Sowjetunion unsere Probleme lösen!) Der europäische Motor hat lange in Bonn gestanden. Dort ist sein guter Platz. Wir können bei »regelgebundenem Verhalten« auch »Kasse« anbieten, bei Fortschritt auch den deutschen Beitrag. Kurzum: Europa braucht einen, der sich Tindemans Bericht zu eigen macht, der die Initiative ergreift und durch sein gewichtiges Wort das Notwendige herbeiführt!

Es ist Zeit, allen Europäern die Gretchenfrage zu stellen. Das muß geschehen, wenn der gefährliche Zerfall beendet werden soll. Das darf aber nur tun, wer sein vitales Interesse am Zusammenschluß glaubhaft beweist.

Man beklagt, daß die »Schlange« – also der Versuch eines gemeinsamen währungspolitischen Handelns europäischer Staaten – nicht die erhofften Ergebnisse bringt; daß immer wieder Staaten, die zur Gemeinschaft gehören, dieses Miteinander zugunsten der Isolation verlassen. Pardon: Hier ist viel Unaufrichtigkeit am Werk! Wie soll wohl eine gemeinsame Währungspolitik auch nur möglich sein, wo es weder eine gemeinsame Wirtschafts- noch eine gemeinsame Finanz-, noch eine gemeinsame Außenpolitik gibt? Wo schon die Instrumente und Verfahren, die Institutionen und Zuständigkeiten dafür fehlen? Beenden wir bitte die Vernebelung: Europa bricht nicht immer dann zusammen, wenn die Währungsprobleme Schlagzeilen machen, sondern die Währungsprobleme machen Schlagzeilen, weil es das Europa, von dem alle reden, nicht gibt. Eine gemeinsame Politik, eine gemeinsame Wirtschafts- und Finanzpolitik gibt es nur in den Gefühlen und Hoffnungen vieler Europäer, nicht aber in den verbindlichen Texten der Europäischen Gemeinschaft!
Der Präsident Ägyptens, Sadat, hat sich um eine europäische Sicherheitsgarantie für künftige Nahostlösungen bemüht. Das klang vernünftig: Lieber die europäischen Nachbarn als die Supermächte. Es ging nicht. Europa ist noch nicht soweit. Gemeinsam sind Zölle und Landwirtschaft; nichts sonst – nur das Schicksal. Keine Wirtschaftspolitik, kein Soldat, keine Banknote sind gemeinsam.
Daher rührt die »Ohnmacht Europas«, die Gaston Thorn wie Giscard d'Estaing, die Regierungschefs Luxemburgs und Frankreichs, mit gleichen Worten beklagen.
Mit den schwerfälligen Verfahren, die gelten, mit dem Ersatz von Gemeinsamkeit durch Eigennutz, mit dem Verzicht auf Willen zugunsten von Worten und wegen der fehlenden Kompetenzen wird – wenn das so weitergeht –

Europa zunehmend Schaden nehmen, und seine Mitgliedsländer auch!

Die Zollunion, welche die Europäische Gemeinschaft in Brüssel heute darstellt, wirkt sich zugunsten der Menschen, der nationalen Volkswirtschaften, der Mitgliedstaaten und Europas aus. Die Freizügigkeit für Arbeitskräfte und Waren, die Vorteile des großen Marktes sowie die weniger hektischen Konjunkturverläufe, die Abhängigkeiten voneinander und das Gewöhnen aneinander – alle diese Vorteile sollte auch kein Kritiker übersehen. Aber das ist nicht genug. Das ist noch lange nicht die geplante und verabredete Gemeinschaft, die Europa braucht! Das ist nicht das »Vereinigte Europa«, das die Völker wollen. Kommt der Einigungsprozeß zum Stillstand, fällt um, was wir bisher erreicht haben. Das ist wie mit dem Fahrrad: Bewegung muß sein!
Nicht die Brüsseler Instanzen, die nationalen Regierungen entscheiden. Und jede von ihnen hat immer irgend etwas: Wahlen, eine Krise, eine Affäre. So nehmen die anderen Regierungen Rücksicht, da sie selbst diese gestern ja auch benötigten und für morgen wieder erbitten werden. Auf der Strecke bleiben Fortschritt und Bewegung. Das Ganze nennt sich Ministerrat oder Europäischer Rat und ist ohne parlamentarische Kontrolle.
Man hatte feste Termine für die Europäische Union verbindlich verabredet wie die Stufen zur Wirtschafts- und Währungsunion. Davon will man nun nichts mehr wissen.
Angesichts der Herausforderung durch das Öl wurden Solidarität und Gemeinschaft zu Fremdworten. Man bot das Bild eines aufgeschreckten Hühnerhaufens. Man strebte auseinander, und jeder suchte sein Heil bei seinem Araber. Vergessen waren das gegebene Wort sowie die Volksab-

stimmungen in Großbritannien und Frankreich zugunsten der europäischen Vereinigung.
Was blieb, ist ein Torso. Der Motor fehlt.
Das kann ich nicht und das will ich nie vergessen – wie Kriegskameraden draußen die Generation ihrer Eltern verfluchten: Sie hätten alles nicht so weit kommen lassen dürfen, rechtzeitig den Mund aufmachen müssen! Hitler hätten sie lesen und ernst nehmen sollen, bevor es zu spät war!
Es könnte sein, daß es uns mit unseren Kindern und Enkeln einst auch so geht: Wir hätten Europa vereinigen müssen, als es Zeit dazu war; wir hätten den Kommunisten ihre verkündeten Ziele glauben sollen! Würden unsere Nachkommen einst so von uns denken und reden – dann würden wir es unseres Versagens wegen verdient haben.
Der voll und ganz unbefriedigende Zustand der Europäischen Gemeinschaft schlägt für die kommunistische Gesamtrechnung, aber gegen uns zu Buche. Dieser Zustand ist für die Kommunisten mehr wert als ihre militärische Zurüstung über die Verteidigungszwecke hinaus!
Diesen Zustand könnten wir ändern, wenn wir nur wollten! Statt dessen starren wir – wie das Kaninchen auf die Schlange – nach Rom, um zu sehen, ob etwa von dort durch den Eintritt der Kommunisten in die Regierung eine neue Runde mit unübersehbaren Konsequenzen für unsere Freiheit und Wohlfahrt eingeläutet wird. Aus Paris hören wir etwas über nationaleren Kommunismus – und viele schöpfen daraus Hoffnung für eine längere Pause des Überlebens. Tatsächlich: Marchais ist nicht nach Moskau gereist, und Berlinguer hat sich auch dort, auf dem Kommunistischen Kongreß, für »Pluralismus« geschlagen. Wie beruhigend, denkt man in vielen unserer Büros und Redaktionen ...
Merkt man denn nicht, wie die Kommunisten dabei sind, die öffentliche politische Szene im westlichen Europa geistig

mehr und mehr zu beherrschen? Für unsere Regierungen aber läutete die Weckuhr der Geschichte vergeblich. Man legte weiter die Probleme nebeneinander, klopfte sich selbstgefällig auf die Schulter, war perfekt telegen – und was geschah? Nichts, fast nichts. Man vertagte das Mögliche und Nötige und hatte den zynischen Mut, gleichzeitig Jean Monnet zum Ehrenbürger Europas zu ernennen. Tindemans Bericht wurde beifällig aufgenommen. Man vergaß nur, die konkreten Beschlüsse zu fassen, die er – selbst alarmiert – vorgeschlagen hatte! Man rümpfte die Nase über die Schwäche der USA in Afrika und war selbst nicht einmal imstande, auf die neue Entwicklung in Angola gemeinsam und gleichzeitig zu antworten.

Die Völker müssen das Wort ergreifen und die Tagesordnung Europas der geschichtlichen Lage entsprechend gestalten. Sie dürfen nicht mehr zulassen, daß über Käse verhandelt wird, während unser Schicksal sich entscheidet! Nicht irgendein Schicksal. Das unserer Familien, unserer Kinder, unserer Freunde. Wenn nicht jetzt, wann ist die Stunde gekommen, den Willen der Völker zu mobilisieren? Als Italiener, als Franzosen, als Briten, als Belgier, Holländer, Luxemburger, als Dänen, als Iren und als Deutsche werden wir – jeder allein – verlieren. Gemeinsam können wir es schaffen! Wann fangen wir an? *Es ist noch nicht zu spät!* Eine verfassunggebende Versammlung, die den Willen der Völker ausdrückt, wäre der richtige Anfang; der notwendige.

Statt dessen müssen wir erleben, wie Verantwortliche Europas Jämmerlichkeit beklagen, ihm aber im gleichen Atemzug die Instrumente und Zuständigkeiten verweigern; Europas Unabhängigkeit beschwören, ihm aber vorenthalten, was es nun einmal unerläßlich benötigt, um mit einer Stimme zu sprechen!

Die Flucht aus der Gemeinschaft in den Egoismus der Einzelstaaten – so geschehen in der ersten wirksamen Schlacht im Nord-Süd-Konflikt, der Schlacht unter dem Motto Öl – hat doch nicht wirklich geholfen. Tindemans hatte und hat recht: »Die widrigen wirtschaftlichen und finanziellen Umstände im internationalen Bereich sind nicht die einzige Ursache; sie hätten ebensogut ein Anreiz zu neuen Anstrengungen sein können.«
Tindemans will Europa »retten«, weil es »zerbröckelt«. Es sei nicht genug gegenseitiges Vertrauen vorhanden! Alles in der Gemeinschaft bisher Erreichte stehe heute auf dem Spiel. Dieser Zustand könne nicht anhalten, ohne die Glaubwürdigkeit der Bekenntnisse unserer Regierungen zur Europäischen Union in Frage zu stellen ...
Das sind Alarmrufe. Gesprochen von einem, der es weiß und der die Verhältnisse kennt; den seine Kollegen, die anderen Regierungschefs, um diesen Bericht gebeten hatten. Und nun legen sie ihn zu den Akten.
Es ist *noch* nicht zu spät! Es könnte bald zu spät sein!

Wir brauchen direkte europäische Wahlen, damit die Völker selbst die Dinge in die Hand nehmen. Direkt gewählte Abgeordnete werden den Wählerinnen und Wählern ihr Programm und ihre Absichten vortragen. Meinungsstreit wird entstehen. Verantwortliche werden Rechenschaft geben. Vertrauen und Mißtrauen, Rechte und Regeln der Demokratie werden sich als heilsam erweisen. Mehrheiten werden Minderheiten gegenüberstehen. Koalitionen werden gebildet, Minister werden kommen und gehen. Die Vorgänge werden durchsichtiger sein. Und die Bürger selbst werden entscheiden. So wird Klarheit entstehen und Verantwortlichkeit.
Wir werden nicht mehr gebannt auf die jüngsten Verbalis-

men alter oder neuer Extremisten starren und ihren hintergründigen Sinn erforschen. Warum soll es in unserer Europäischen Union anders sein als bisher in unseren Ländern? Wir haben uns mit der DKP und der NPD nicht nur theoretisch beschäftigt. Wir haben gekämpft. Die Bürger haben entschieden.
Ich steige doch nicht aus der Bundesrepublik Deutschland aus, wenn morgen – etwa in Bremen – Kommunisten in die Landesregierung einzögen. Wenn die dann heraus wollten – bitte; wir halten keinen. Wenn sie statt dessen im Bund und sonstwo alles auf den Kopf stellen wollten, laßt sie es versuchen. Sie würden nicht allein sein. Es gäbe Kampf; Sieg und Niederlage; Entscheidung und Orientierung durch das Volk selbst! Ich bin sicher, daß der Spuk schnell vorbei wäre!
In Großbritannien haben Politiker und Parteien jahrelang über das Ja oder das Nein zu Europa gestritten, taktiert und finassiert. Ängstlich wagte man, das Volk zu befragen. Die Bürger waren längst dafür und entschieden rasch und mit überragender Mehrheit.
Ich sehe auch aus diesen Gründen keinen anderen Weg als den der Wahlen:
Die begabtesten Kommissare und die intelligentesten Beamten können zusammen mit den fähigsten Experten auch beim besten Willen keine gemeinsame europäische Wirtschaftspolitik einführen. Hier sind weltanschauliche Grundentscheidungen am Beginn des Konzeptes unerläßlich! Ohne diese gibt es keine gemeinsame Wirtschaftspolitik. Und ohne diese geht nichts wirklich weiter. Diese Politik selbst muß eingeordnet werden in den Rahmen der Verfassung unserer Europäischen Union. Torso oder Fortschritt – das ist hier die Frage!
An dieser wichtigen Stelle lohnt es, sich die Sache einmal

ganz praktisch anzusehen: Bitte stellen Sie sich vor, Sie wären »Kommissar« der Europäischen Gemeinschaft in Brüssel, also europäische Minister. Sie wären überzeugt und wüßten aus Ihrer Einsicht und aus Ihrer Erfahrung besser als andere, daß die »Gemeinsame Wirtschaftspolitik« die jetzt unverzichtbare nächste Entwicklungsstufe ist; daß ohne diese Stufe kein Weg bergauf führt. Sie sagen das auch und erhalten, nachdem Sie das gefordert haben, den Auftrag, eine »Konzeption vorzulegen«. Große Ehre! Welche Chance! – Dann kommt der Alltag. Machen Sie das mal: eine »Konzeption«, der am Schluß alle zustimmen – von Berlinguer bis Thatcher, von Kohl bis Mitterrand, von Giscard bis Callaghan und Marchais. Da haben Sie Kommunisten, die – wie immer sie zu Moskau stehen – alles ohne Freiheit, alles anders wollen; Liberale, die lavieren, Sozialisten, die mehr Staat und Kontrolle wollen und die an Marx glauben, aber Alpträume haben, wenn sie an Moskau denken; Christliche Demokraten, die auf Soziale Marktwirtschaft schwören; Konservative, die ... Muß ich das ausweiten? Ihr Auftrag ist die Quadratur des Kreises. Es geht nicht. Das werden Sie dann – vermutlich – auch sagen und aufschreiben. Kurz oder in einem voluminösen »Papier«. Wie auch immer: Es geht nicht.

Und genau das ist die europäische Lage! Ohne »Gemeinsame Wirtschaftspolitik« reicht es weder zum Leben noch zum Sterben für die Europäische Gemeinschaft. »Gemeinsame Wirtschaftspolitik« aber geht nur bei gemeinsamer Konzeption, übereinstimmenden Grundsätzen und Zielen, verbindlicher und verläßlicher Orientierung. Mit der Zustimmung aller funktioniert das nicht. Hier müssen die Wähler entscheiden und Mehrheiten bilden, um Verantwortung festzulegen und zum Handeln zu zwingen.

Wer soll es machen: Der Staat oder die Bürger? Der Markt

oder die Behörden? Europa steht vor einer Grundentscheidung Erhardscher Dimension! Wer diese Frage – eine von mehreren – nicht beantwortet, kann kein Konzept einer künftigen europäischen Wirtschaftspolitik vorlegen. Und hier antworten eben Sozialisten anders als ich; Liberale anders als Konservative; alle anders als Kommunisten. Berlinguer wird nie unterschreiben, was ich im Absatz über »Wirtschaft« dargelegt habe – und ich nie, was er denkt. (Was er sagt, würde ich ohnehin nicht gegenzeichnen.) Also ist es objektiv unmöglich, eine gemeinsame europäische Wirtschaftspolitik zu entwerfen oder durchzuführen, ohne vorher zu klären, welche Richtung eingeschlagen werden soll. Ohne Wahlen geht das nicht. Und die wirken nur im Rahmen einer europäischen Verfassung!
Mit Koalitionen in unserem Lande – mal so, mal so – habe ich hinreichend Erfahrung. Die »Große Koalition«, also CDU/CSU plus SPD, war kein Signal, daß »alles geht«, wenn man nur »will«. Die Wahrheit: Sie war nötig. Möglich wurde sie nur, weil Karl Schiller wirtschaftspolitisch ähnlich dachte wie wir.
Man kann nicht, niemand könnte, kein Genie wird können, was unmöglich ist: Feuer und Wasser vereinen. Das aber verlangen wir von diesem Brüssel ohne Wahlen. Es geht nicht. An den Grundfragen kann man sich geraume Zeit vorbeidrücken, ohne Antwort kommt man aber nicht weiter! Reden wir also offen über Europa: Moskauer oder andere Kommunisten – hin und her –, die Frage für Europa heißt: Wie hältst du es mit der Freiheit – bei dir und wie mit der bei mir? Ich soll zahlen, während du meine Freunde unterdrückst? Nie! Ich kann – noch – zahlen, weil ich disziplinniertere Wirtschaftspolitik mache, und du brauchst Geld, weil du Sozialismus probierst? Ihr wollt den Charakter dieser Europäischen Gemeinschaft verändern? Um uns gegen

die Freiheit und gegen Washington, gegen das, was uns stark macht, um uns gegen unsere Gesinnung zu führen? Nie! Da liegen die Fragen, da die Antworten.
Reden wir also nicht drum herum: Ohne »Gemeinsame Wirtschaftspolitik« hat Europa – fast – keine Chancen. »Gemeinsame Wirtschaftspolitik« zwischen Berlinguer/Marchais, Giscard/Schmidt, Kohl/Thatcher und anderen ist nicht möglich. Das ist zu Hause nicht anders. In Europa ist es ebenso.
In unseren Ländern entscheiden die Wähler, wer was versuchen und beweisen soll. Im demokratischen Europa unserer Union, das sich zunächst durch freie Wahlen vom anderen Teil Europas unterscheidet, kann es, wenn alles gutgehen soll, nicht anders sein. »Gemeinsame Wirtschaftspolitik« ist rasch und dringend geboten. Sie meint: »gemeinsam« für die Gemeinschaft; sie meint nicht: »gemeinsam« zwischen allen politischen Richtungen. Die europäische Verfassung muß den Rahmen geben und festlegen, was »gemeinsam« heißt. Den Inhalt und die Richtung müssen die Wähler bestimmen – mal so, mal anders – wie zu Hause. Anders geht es nicht. Anderes geht wirklich nicht.
Wählen wir *nicht* – präzise: kommen die verabredeten europäischen Direktwahlen 1978 nicht zustande –, so wird die nötige und mögliche Grundentscheidung über den Willen zur Vereinigung und die grundsätzliche politische Orientierung ausbleiben. Man würde weiterwursteln. Es käme zu immer größeren Unterschieden zwischen den Mitgliedsländern der Gemeinschaft. Ich verzichte, die Folgen auch noch aufzuschreiben!
»Save Europe now!«

Technisch und finanziell, nach Menschenzahl und Wirtschaftskraft, nach Waffentechnik und nach militärischer

Ausbildung ist Europa heute sehr wohl imstande, sich selbst zu verteidigen. Wir können, wenn wir wollen.
Ich habe diesem Gedanken nie einen Reiz abgewinnen können. Im Bündnis mit den USA fühle ich mich geborgener. Es sollte aber mehr sein als ein Militärpakt. Die USA sind die führende Weltmacht, wenn sie nur endlich ihren Verfassungskonflikt lösen, der sie fast handlungsunfähig macht. Sie können tonangebend bleiben für so lange, wie wir heute in die Zukunft sehen können.
Die Europäer sollten ihre Verteidigungsanstrengungen durch Gemeinsamkeit und Arbeitsteilung verbessern. Sie sollten keinen Ehrgeiz entwickeln, sich allein und ohne die USA und Kanada verteidigen zu wollen. Niemand sollte übersehen, daß das zwar aufgrund aller materiellen Bedingungen und Voraussetzungen möglich, aber politisch riskant ist: Wie reagieren andere zwischen Willen und Vollendung? Was ist – besser: was wäre –, wenn in einem der beteiligten europäischen Länder eine »Volksfront« regierte, also die Koalition aus Kommunisten und Sozialisten? Welche Sicherheit könnte eine »Europäische Verteidigungsgemeinschaft« in einem solchen Falle bei Druck und Drohung aus der DDR oder der Sowjetunion garantieren? Hätte der Feind nicht Freunde im eigenen Lager? Wäre so der Feind nicht schon – »intra muros« – unter uns?
Nein! So ist die Sicherheit nicht gewährleistet! Wir brauchen die USA und Kanada hier in Europa. Wir brauchen sie militärisch so integriert, daß es keinem Angreifer möglich ist, einen Franzosen zu treffen, ohne zugleich einen Deutschen, einen Briten und einen Amerikaner zu erschießen.
Übrigens: Die Amerikaner brauchen uns ebensosehr – wirtschaftlich, militärisch, politisch. Und geistig sind wir ohnehin aufeinander angewiesen. Wir gehören zusammen – auch wenn es einige nicht merken!

Zwei Weltkriege, die Anwesenheit ihrer Truppen und ihre Bewältigung einiger Berlinkrisen nach 1945 beweisen uns und allen Europäern, daß auf die USA Verlaß ist. Wer ihnen jetzt Freundschaft gibt, gibt doppelt. Wer jetzt fragt: »Werdet ihr auch treu sein?«, produziert und provoziert die Gegenfragen aus dem unruhigen Kongreß: »Wart ihr es eigentlich? Werdet ihr es sein? Ist Solidarität eine Einbahnstraße?« Auf die USA ist Verlaß, solange auf uns selbst Verlaß ist. Man beurteilt heute dort Bündnisse nach dem Wert der Partner.

Also muß Europa stark sein, also müssen wir als Bundesrepublik Deutschland verläßlich, solide, vernünftig und kräftig sein – und noch mehr werden! Daran liegt es. Jetzt nicht hin oder her und aufrechnen oder übereinander reden, sondern miteinander arbeiten, am runden Tisch alle Fragen erörtern, nicht nur die militärischen, und so die gemeinsamen Interessen stärken und das tun, was aufgrund gemeinsamer Werte, gemeinsamer Grundüberzeugung, gemeinsamer Gefährdung geschehen muß – das ist die Antwort auf die Lage.

Wir haben nicht nur gemeinsame Feinde. Wir haben gemeinsame Werte, gemeinsame Pflichten und gemeinsame Chancen. Zusammen sind wir überlegen.

*

ENTSPANNUNG bleibt vernünftig – also Fronten auflockern, Probleme entkrampfen, Gegensätze mildern, Konflikte regeln, wo immer dies bei Wahrung der Rechte und Grundsätze möglich ist. Gespräche und Vereinbarungen sind nicht alles, aber besser als nichts. Es lohnt die Geduld und die Mühe, auch den Aufwand an Intelligenz, internationale Krisenherde möglichst unter rationale Kontrolle zu bekommen; Spannungen abzubauen, zu entschärfen, zu begrenzen. Das ist besser, als sie zu steigern oder sie schwelen und sich entfachen zu lassen. Entspannung ist nicht Friede, bedeutet nicht das Ende der Spannung, beseitigt nicht ihre Ursachen; sie bewirkt aber Nicht-Krieg, verringert den Grad der Gefahr, beugt der Verkrampfung, der plötzlichen, unberechenbaren Explosion und dem Nervenzusammenbruch vor; sie mäßigt, baut Aggressionen ab, wirkt der Verhärtung, der Verspannung, der Hochspannung entgegen; sie mindert Risiken, grenzt Krisen ein, schafft Regulatoren der Vernunft, erhöht die Berechenbarkeit.

Die Alternative zur Entspannung ist entweder Explosion, also Krieg, oder Aufgabe, also Kapitulation. Zwischen diesen Extremen lebt die Entspannung – so wie es zwischen schwarz und weiß viele Grautöne gibt. Grau ist im Atomzeitalter eine ganz gute Farbe. Sie bedeutet Leben und Chance für die Freiheit.

Gefährlich wird die beginnende Mode, zu fragen, was Entspannung eigentlich sei, wem sie mehr nütze und ob nicht der kommunistische Sieg in Angola die »Entspannung« der Lächerlichkeit preisgebe. So mäkelt man vor sich hin, und so kann man leicht mit seinem guten Willen den Faden verlieren. Katzenjammer wird dann folgen! Denn: Beim gegenwärtigen Kräfteverhältnis in der Welt ist Entspannung vorteilhafter als angespannte Konfrontation (so wie kalter Krieg besser war als heißer).

Die Redlichkeit sollte den Gegnern der Entspannung gebieten, klar und öffentlich zu sagen, auf welche Weise sie unter den Bedingungen von heute wenigstens den Nicht-Krieg erhalten wollen; welche Risiken sie einkalkulieren; welche zusätzlichen militärischen Anstrengungen sie verlangen und durch welche sozialen Verzichte sie diese bezahlen wollen; welche Konsequenzen sie sonst berechnen und – notfalls –

in Kauf nehmen. Ärgerliche Wahrheiten werden hier gefordert.
Tatsachen ändert man nicht, indem man sie übersieht, sondern indem man sie besser und genauer kennt als andere; so entsteht die Chance, sie zu verändern. Mir paßt das alles nicht, was es da gibt an atomaren, biologischen und chemischen Vernichtungswaffen; an militärischem Gleichgewicht zwischen Moskau und Washington; an Politik der Weltrevolution; an Eroberungssucht und anderen schrecklichen Dingen. Aber sie sind da. Also rechne ich mit ihnen, helfe mit, sie möglichst im Zaum zu halten. Deshalb warne ich davor – aus Verantwortung wie aus Erfahrung –, sich dem Luxus von Modetorheiten hinzugeben, wo es um Leben und Freiheit geht. Die kann man nicht, wenn die Mode wechselt, um die Ecke neu einkaufen.
Entspannung heißt nicht, daß die Kommunisten ihre Ideologie, ihren Machtwillen oder ihr weltrevolutionäres Ziel aufgegeben hätten; heißt auch nicht, daß die freie Welt etwa darauf verzichtete, Freizügigkeit und Freiheit herzustellen, wo immer es geht. Der Westen hat Angola, der Osten hat Ägypten verloren! Entspannung heißt: Felder friedlicher Zusammenarbeit suchen und so die Vollständigkeit der Gegnerschaft einschränken; auf diese Weise Probleme und Regionen aus der Konfrontation herausnehmen mit dem Erfolg, den Rest verbleibender Gegensätze und Spannungen besser unter die Kontrolle rationaler Verhaltensweisen zu bekommen.
Das kann nur wirken, im Sinne von Gleichgewicht wirken, wenn wir an unserer Verteidigungskraft, an unserem Überlebenswillen, an unserem Glauben keinen Zweifel aufkommen lassen! Entstehen irgendwo plötzlich weiße Flecken des Willens oder leere Räume der Kampfbereitschaft, dann verändert das die Grundlagen der Entspannungspolitik. Wo

nur noch ein Wille bleibt, gibt es plötzlich nur noch einen Sieger.
Das geschah in Angola. Die USA – in ihrem Verfassungskonflikt gefangen – verletzten nicht nur die Spielregeln, sie änderten auch die Grundlagen, als sie plötzlich und öffentlich an diesem wichtigen Platz einen weißen Fleck entstehen ließen.
Entspannung ist nicht Frieden. Der ist noch weit. Aber die Strecke von der Entspannung zum Frieden ist kürzer als die vom Krieg zum Frieden. Wir haben die Etappen vom heißen Krieg zum kalten Krieg und vom kalten Krieg zur Entspannung geschafft. Vor einem Rückschritt wird ausdrücklich gewarnt! Der Fortschritt ist nötig und möglich: Zusammenarbeit, Abrüstung, Minderheitenschutz, Freizügigkeit. Das sind, aus meiner Sicht, die nächsten Etappen auf dem Wege zum Frieden.
Gewiß, der Frieden ist weit entfernt. Er rückte aber noch weiter weg von uns, wenn wir es aufgäben, ihn zu erreichen; wenn wir ihn verkündeten, ohne daß er für die Menschen fühlbar wäre!

Nach der verbindlichen Aussage der Kommunisten ist Entspannung eine andere Form des Klassenkampfes – nicht Verzicht auf den revolutionären Kampf, nicht einmal Waffenstillstand. Der Kampf geht um die Gehirne, um die soziale Ordnung, um die außenpolitische Zuordnung. Wo der Gegner schwach ist, wird das ausgenutzt. Dieser Kampf findet auch dann statt, wenn wir ihn nicht wollen, nicht sehen, nicht selber führen. Man kann ihn nur einseitig beenden, wenn man bereit ist, endgültiger Verlierer zu sein. »Die Entdramatisierung des ›kalten Krieges‹ bedeutet keineswegs seine Abschaffung. Er ist lediglich einseitig geworden. Moskau führt ihn als ideologischen und nicht nur als ideolo-

gischen Krieg mit aggressiver Schärfe weiter, der Westen hat ihn als unvereinbar mit Entspannung sistiert. Seine Diplomatie will nichts Böses sehen, nichts Böses hören und erst recht nichts Böses sagen. Das Publikum aber sieht und hört Böses und ist nicht mehr so ganz sicher, daß das Prinzip Schweigen das richtige sei und daß es, wie behauptet wird, weiterhelfe.« (Fred Luchsinger am 31. Dezember 1975 in der NEUEN ZÜRCHER ZEITUNG.)
Ich bin nicht für das Verschweigen des Unrechts, für den Verzicht auf die Klage gegen moderne Sklaverei. Zur Strategie der Freiheit gehört ihre geistige Offensive! Ich bin für eine aktive Ostpolitik, die Frieden und Zusammenarbeit als die Hauptaufgaben unserer Zeit erkennt. Ich habe – als Minister – den Osthandel begrüßt, als dieser noch vielen suspekt war. Ich glaube nicht, daß die Bundesrepublik Deutschland geeignet ist, aggressive Spitze einer antisowjetischen Politik zu sein. Ich glaube ebensowenig, daß Leisetreterei gegenüber dem Kommunismus oder Verleugnung unserer Ziele als Menschen und als Nation oder Verrat unserer Grundsätze uns irgendwie irgendwo bei irgendwem weiterhilft.
Karl Marx und seine Epigonen, aber auch andere haben den Blick freier gemacht für die Unterscheidung der formalen von der realen Freiheit, für die zwischen formaler und realer Demokratie. Was nützen, so kann man das wohl zusammenfassen, Freiheitsrechte, die in Verfassungen stehen, wenn wegen der sozialen Wirklichkeit diese Rechte doch nicht allen alltagswirksam zuteil werden? Dies muß auch international gelten.
Mit dem Blick auf die Entspannung heißt das: Was nützen Papiere, solange die Mauer die Wirklichkeit markiert? Was nützt »Korb III« in Helsinki, solange nicht einmal das Heiraten freizügig zwischen Ost und West möglich ist?

Freizügigkeit für Menschen, Informationen, Meinungen und Waren – das ist der beständige Weg zu dauerhaftem, realem Frieden.
Das müssen wir – auf diese Art und Weise – gerade mit Marxisten diskutieren. Sie haben Sinn für das, was sie »die Verhältnisse« nennen, die »Realitäten«. Man muß sich nicht von ihren Worten ablenken, beeindrucken oder verwirren lassen.
Am Beginn der westeuropäischen Friedensordnung stand ein Prinzip, das Frankreich im Mai 1950 folgendermaßen definierte: »In den Beziehungen zwischen den europäischen Nationen an die Stelle des Vormachtstrebens die Gestaltung ihrer Einheit setzen.«
Ich kenne für Gesamteuropa, nach Helsinki, nichts Besseres: Nicht Hegemonien und Rivalitäten zementieren, sondern sie durch Gleichberechtigung und Zusammenarbeit ersetzen sowie durch Freizügigkeit diesen entwickeltsten Kontinent der Erde zum Vorbild friedlicher Ordnung und zu einem Kraftquell für die Welt zu machen.
Das ist das Ziel. Das ist der Weg. Das ist – mit Festigkeit und mit Geduld – möglich.

Im Dezember 1971 besuchte ich Moskau. Es ging um die Verträge. Die Gespräche mit der politischen Führung der Sowjetunion waren hart. Nur wer für die Verträge sei, sei für den Frieden, sagte man mir. Ich begründete mein »so nicht«, verlangte Freizügigkeit, Selbstbestimmung und die Anerkennung der Europäischen Gemeinschaft. Wir verständigten uns nicht.
Am Schluß gab es eine überraschende Wendung, und später erfolgte ein erstaunliches Signal.
Die Wendung: Kossygin freute sich plötzlich, bei diesem ernsthaften Gespräch feststellen zu können, daß wir wohl

beide »Frieden und Zusammenarbeit als die Hauptaufgaben unserer Zeit« betrachteten. Er wollte das bestätigen. Ich stimmte zu. Also war ich, der Vertragsgegner, nun auch für die Sowjetunion kein »Friedensfeind« mehr.
Das Signal: Ich hatte die Anerkennung der Europäischen Gemeinschaft gefordert, weil wir darin unsere Zukunft sähen und es unaufrichtig wäre, eine Zusammenarbeit zu versprechen, die – an der EG vorbei oder gar gegen sie – überhaupt nicht möglich wäre. Die Europäische Gemeinschaft sei eine unübersehbare und unübergehbare Realität. Was man mir darauf erwiderte, bleibt wohl besser in den Archiven. Es war nicht druckreif. Die EG als aggressive Ausgeburt des Teufels – gefährlich, böse, unheimlich. So war ich verwundert, als schon einige Monate später, im März 1972, in den Zeitungen zu lesen war, Breschnew habe positive Worte für die Europäische Gemeinschaft gefunden. Ich las das in Paris wenige Stunden vor einem wichtigen Gespräch mit dem französischen Staatspräsidenten Pompidou und war überrascht. Pompidou hatte inzwischen auf amtlichen Wegen mehr über den Hintergrund dieses Vorganges gehört und begann unser Gespräch, indem er seine Anerkennung ausdrückte.
Was hatte Breschnew am 20. 3. 1972 auf dem 15. Kongreß der Gewerkschaften der UdSSR gesagt? Hier der Text: »... muß man den Widerstand gewisser Kräfte des Westens überwinden, die der Entspannung in Europa ablehnend gegenüberstehen und sie auf jede Weise behindern. Gerade diese Kräfte versuchen, die Vorbereitungen für eine gesamteuropäische Konferenz zu erschweren ... Sie suggerieren ... unsere Europapolitik überhaupt sei darauf gerichtet, die Europäische Wirtschaftsgemeinschaft oder, wie sie gewöhnlich sagen, den ›Gemeinsamen Markt‹ zu unterminieren. Es ist wohl notwendig, zu dieser Frage einiges zu sa-

gen. Die Sowjetunion ignoriert keineswegs die reale Lage in Westeuropa, darunter auch das Bestehen einer solchen ökonomischen Gruppierung kapitalistischer Länder wie die des ›Gemeinsamen Marktes‹. Wir verfolgen aufmerksam die Aktivitäten des ›Gemeinsamen Marktes‹ und seine Evolution. Unsere Beziehungen zu den Teilnehmern dieser Gruppierung werden natürlich davon abhängen, wieweit sie ihrerseits die Realitäten im sozialistischen Europa, besonders die Interessen der Mitgliedsländer des RWG, anerkennen. Wir sind für Gleichberechtigung in den Wirtschaftsbeziehungen und gegen Diskriminierung.« (NEUES DEUTSCHLAND, 21. 3. 1972.)

Die Europäische Gemeinschaft trat in Helsinki als eigene Rechtspersönlichkeit in Erscheinung.

Geduld, Argumente und Beachtung der Interessen sind im Umgang mit Kommunisten unerläßlich. Das führt nicht immer zum Erfolg. Aber ohne diese Haltung erreicht man überhaupt nichts. Es ist zu früh, mehr von den damaligen Vorgängen und Ereignissen, von den Zusammenhängen und Plänen zu erzählen. Aber es ist nicht zu früh, hier drei Farbtupfen zu setzen:

»Wissen Sie, Herr Vorsitzender, warum der Hund keinen Herzinfarkt bekommt?« Mit dieser Frage leitete Außenminister Gromyko im Moskauer Außenministerium am 13. Dezember 1971 unser Gespräch ein. Zum Ritual solcher Gespräche gehört es, daß man sich zunächst begrüßt, den Gästen Plätze anweist, Platz nimmt, Konversation führt, Zigarren anzündet, Tee reicht und wie immer die landesüblichen Aufmerksamkeiten sind. Die Eröffnungszeremonie solcher Gespräche ist öffentlich: Fernsehkameras (sie surren nicht mehr; sie tun lautlos ihr Werk), Mikrofone, Fotografen, Journalisten und Notizblöcke sind sehr nahe, sehr intensiv, sehr direkt dabei. Und man muß darauf achten,

in dieser aufdringlichen, lauten, possenhaften Situation gleichwohl die richtige Atmosphäre für das Gespräch zu erzeugen oder zumindest sie durch nichts zu beeinträchtigen.
Gromyko also, Routinier der Weltklasse, fragte, nachdem wir uns in der so völlig indiskreten Lage zu diskretem Gespräch gesetzt hatten: »Wissen Sie, Herr Vorsitzender, warum der Hund keinen Herzinfarkt bekommt?« Ich war angenehm überrascht und bekundete gerne mein Nichtwissen. Darauf Gromyko mit skeptischer Genüßlichkeit: »Weil er nicht lebt wie ein Mensch!«
Ganz anders Ministerpräsident Kossygin zu Beginn: Es sei plötzlich kalt geworden. Über Nacht sei Frost eingefallen. Er sei zu früh, zu schnell und zu stark gekommen. Das belaste den Haushalt allein Moskaus zusätzlich mit x Millionen Rubel ...
Kossygin bewies im Verlaufe des Gespräches Humor und Schlagfertigkeit. Zum Beispiel: In dem Hin und Her der Argumente, der Meinungen und der Versuche, den anderen zu überzeugen, zu beeindrucken, nachdenklich zu machen, gab es ganz plötzlich eine Pause. Keiner sagte etwas. Keiner wollte schon jetzt das Gespräch beenden. Eigentlich war alles gesagt in den zwei Stunden, die dieses Ringen schon gedauert hatte. Und doch wollte jeder es wohl noch einmal versuchen. So brach ich das Schweigen, indem ich scherzhaft die Bemerkung über den Tisch warf: »Herr Ministerpräsident, wissen Sie, meine Frau ist aus Köln. Und dort sagt der Volksmund, wenn so plötzlich eine Pause im Gespräch eintritt, wenn alle zugleich schweigen und wenn alle sich dessen für einen Moment überrascht bewußt werden – dort sagt man: ›Ein Engel ist soeben durchs Zimmer gegangen!‹« Darauf warf Kossygin den Ball so schnell zurück, daß es schien, er habe ihn gar nicht aufgefangen: »Wissen Sie,

Herr Vorsitzender, das ist keine politische Frage. Das ist eine religiöse Frage. Und für die sind Sie zuständig. Also: Haben Sie den Engel gesehen ...?«
Außenhandelsminister Patolitschew verlangte mehr Liberalisierung in unserem wechselseitigen Handel. Liberalisierung? Die Sowjetunion will mehr Liberalisierung? Ich fragte, was er darunter verstehe und ob es für beide Seiten in gleicher Weise gelten solle. Patolitschew antwortete mit breitem Grinsen: »Liberalisierung heißt: Jeder kann auf dem Markt des anderen machen, was er will. Nur – bei uns geht alles über meinen Schreibtisch.«

Frieden und Zusammenarbeit – gut. Das geht am besten mit Geben und Nehmen. Hier ist am wenigsten Platz für Illusionen, mehrdeutige Verträge, Vorleistungen, trügerische Erwartungen. Gibst du dem kommunistischen Gegenüber heute freiwillig deine Gabel, wird es morgen dein Messer als sein Eigentum rabiat »zurück«-fordern! Gewiß, die Kommunisten unterliegen aufgrund ihres Systems und wegen ihrer mehrjährigen Pläne besonderen Zwängen. Das ist aber kein Anlaß zu besonderer Rücksichtnahme. Wofür und wozu? Das muß man sich bei jedem Geschäft, bei jeder Abmachung – auch bei Leistung um Gegenleistung – präzise fragen. Die im Westen sind doch sonst so gute Geschäftsleute!
Die Deutschen haben unter Brandt und Bahr Verträge ausgehandelt, in denen alle für die UdSSR wichtigen Punkte enthalten sind, die Moskauer Gegenleistungen aber nur zum Teil. Die deutschen »Erwartungen« blieben mehr Hoffnungen als Abreden. Kasse gegen Hoffnung – ein miserables Geschäft!
Die USA haben unter Nixon und Kissinger einen Handelsvertrag mit der UdSSR ausgehandelt. Zusätzlich erreichte man Zusagen für die auswanderungswilligen Juden. Dem

Washingtoner Kongreß genügte das nicht. Er schrieb seine »Erwartung« in den Text der Ratifikation. Daraufhin ratifizierte man in Moskau wegen unerträglicher Einmischung in die inneren Angelegenheiten nicht. Ein großes Maß an Verhärtung hat hier seinen Ursprung!
Die Lehre aus beiden Vorgängen? Wo Mißtrauen vorhanden und geboten ist, muß man das Ziel vereinbaren und zugleich die Etappen dazu verbindlich festlegen: Stufe zwei tritt in Kraft, nachdem Leistung und Gegenleistung aus Stufe eins wechselseitig erbracht sind; Stufe drei nach erfüllter Stufe zwei. Ich sehe keine andere Möglichkeit! (Das könnte auch für den Nahen Osten gelten! Man muß wohl auch dort die Ziele und die Stufen verabreden.)

»Auf Gedanken kann man nicht schießen«, sagten tschechoslowakische Schriftsteller, solange sie sich noch äußern konnten. Der Moskauer Imperialismus gründet sich auf Gewalt, nicht auf Zustimmung und Überzeugung. An die Dauerhaftigkeit solcher Konstruktionen stellt die geschichtliche Erfahrung viele Fragen. Die Völker Europas wollen aufeinander zugehen, sie wollen miteinander leben, nicht gegeneinander gestellt werden; sie wollen bestimmt nicht den Nachbarn erschießen – nicht selbst erschossen werden. Der europäische Zeitgeist weht für das Miteinander und gegen Gewalt, Rivalität, Konfrontation, Ideologien und Vorherrschaften. Er wird von dem Sinn bestimmt, in dem Frankreich im Mai 1950 den Maßstab für die europäische Politik formulierte! Dieser Geist ist stark. Moskau kann ihn bremsen, nicht aufhalten. So steht uns nichts besser an als friedfertige Entschlossenheit und hellwache Geduld. Eine Politik der ausgestreckten Hand, der Bereitschaft zur Zusammenarbeit und des Abbaus von Konfrontation – wenn es sein muß: Millimeter um Millimeter.

Für laute Worte ist hier wenig Platz. Auch nicht für wöchentliche Erfolgsmeldungen. Der Tropfen, der den Stein höhlt, ist stärker als die Faust, die auf ihn schlägt! »Politik der Stärke« als Verbalismus? Das ist lautstarke Schwäche. Übrigens ist auch Moskau ein Platz Europas. Die dort beginnen das zu spüren. Sie müssen wissen, daß wir es wissen. Bei aller Weitsicht und Friedfertigkeit dürfen wir weder unsere Sicherheit noch unsere Interessen vernachlässigen! Wir haben nichts zu verschenken – schon gar nicht denen, die uns alles nehmen wollen. Der Westen darf den Kredit an Moskau nicht übertreiben und das Geschäft dort nicht überziehen. Die Entwicklung arbeitet nur dann für uns, wenn wir in nichts abhängig werden und in allem überlegen bleiben.
Und nie wollen wir den Einmarsch der DDR, Polens und der Sowjetunion in die Tschechoslowakei vergessen! Gerade ein waidwundes Tier ist gefährlich!
Wir können nicht übersehen, daß an wichtigen Plätzen der Welt Konfrontationen eher auf- als abgebaut werden. So im Nahen Osten. So in Afrika. Auf Castro ist zu achten! Alle diese Konflikte gehen uns an und wirken auf uns ein. Die deutsche Politik kann und muß – im eigenen Interesse – nach ihren Kräften dazu beitragen, Konflikte zu entschärfen und Konfrontationen zu mildern. Auch sogenannte kleine Kriege »hinten fern in der Türkei« wirken gegen uns.
Wir Europäer haben Bundesgenossen in der Welt. Die »Entwicklungsländer« sind ganz überwiegend geheilt von der Faszination, die Moskau früher auf sie ausübte. Sie verstehen heute besser, daß es in Europa neue Vorherrschaft und neue Ausbeutung gibt!
Wenn heute nicht mehr nur oder vorwiegend der Ost-West-Gegensatz die Weltpolitik bestimmt, sondern die

Konfrontation Nord-Süd, die Spannung reich-arm an Gewicht gewinnt, so ist es entscheidend, wohin die Europäer ihre Möglichkeiten wenden! Die Lage ist voller Unwägbarkeiten: Wir haben nämlich, wie Zbigniew Brzezinski mit Recht hervorhebt, »keine gemeinsamen Normen, nichts Selbstverständliches, weder hinsichtlich unserer Werte noch hinsichtlich der Welt, in der wir leben«. (Europa-Archiv, 1/76, S. 5.)
Die Europäer können diesen Regionen viel geben: Partnerschaft, Rücksicht, Wissen, Können, Toleranz. Wer wird dort die geistige Führung haben? Die Staaten der Europäischen Gemeinschaft und diese selbst sollten eine vorrangige Aufgabe darin sehen, dort mögliche Spannungen abzubauen bzw. nicht erst entstehen zu lassen. Finden die Europäer bei den Völkern und Staaten dieser Regionen auch Gehör für Geist und Werte, so wird sich das günstig auswirken für den Frieden, die allgemeine Wohlfahrt und die Überlegenheit der Freiheit! Gelänge es dagegen dem Kommunismus, dort auch in den Gehirnen und Gefühlen sich festzusetzen, so könnte er, wann immer es ihm beliebt, *zugleich die Ost-West- und die Nord-Süd-Konfrontation lebensgefährlich für uns auf die Spitze treiben;* also zum Beispiel zugleich eine Berlinkrise und eine Rohstoffkrise auslösen! Das ist vermeidbar. Das muß vermieden werden. Das ist eine große Anstrengung wert!

Die Moskauer und die Pekinger sehen besser als wir selbst, was alles wir Europäer in der Weltpolitik bewirken könnten. Weil wir stark sein könnten, sucht man das Gespräch mit der Europäischen Gemeinschaft. Man liebt sie nicht. Man beargwöhnt sie: Einheit ohne Vorherrschaft, Zusammenarbeit ohne Befehlszentrale, Gleichberechtigung der Kleinen, dazu Freizügigkeit – das ist eine Herausforderung

an den kommunistischen Zentralismus! Das ist das bessere Modell – das mit dem Zeitgeist im Rücken!
Moskau konnte seine Politik, über die EWG offiziell hinwegzusehen sowie sie heimlich durch Angriff von außen und Zerstörung von innen zu überwinden, nicht durchhalten. Nun drängt man aus Moskau auf Kontakte, Regelungen und Zusammenarbeit. Man kann darauf – behutsam, vorsichtig – eingehen, sollte aber dabei die dargestellten ostpolitischen Erfahrungen berücksichtigen und sehen, daß man – RGW hin, RGW her – zu vermehrtem Austausch kommt. Am Anfang stehen dort überall der Funktionär und der Apparat. Am Ende steht auch dort immer der Mensch. Am Funktionär vorbei erreicht man die Menschen dort leider nicht. Es sollte nur nicht zu viel im Apparat hängen bleiben! Und: Aufgepaßt, daß nicht etwa ein Rahmenabkommen zwischen RGW und EWG die Europäische Gemeinschaft aushöhlt, indem z. B. der Außenhandel wieder von Brüssel weg in die Hauptstädte zurückgegeben wird!
Nehmen wir bewußt und zuversichtlich den Wettbewerb der Systeme auf! Wir können getrost den kommunistisch regierten Ländern die multilaterale Verrechnung des wirtschaftlichen Austausches ebenso anbieten wie einen Kooperationsausschuß. Die Trümpfe sind in unserer Hand!
Wenn unsere Staaten gesund und unsere Gesellschaften gerecht geordnet sind, wenn wir auf sozialen Fortschritt hinarbeiten und die Vereinigung Europas vollziehen, wirkt die Entspannung für uns.
Der Überlegene kann getrost auf die Evolution setzen, solange er seiner besseren Sache sicher ist. Die Revolution wird ihn nicht erreichen, schon gar nicht bezwingen. Tatsachen sind stärker als Phrasen – wenn Wille, Glauben und Handeln die Wirklichkeiten ins Spiel bringen.
Es kann so werden. Es muß nicht. Es liegt an uns.

5. In die neue Wirklichkeit

Fußkranke Zeitgenossen, nostalgische Reaktionäre und satte Etablierte werden das alles, zumal es so anstrengend ist, für unnötig halten und auf eine automatische »Tendenzwende« warten. Tendenzwende wohin? Wann?
Sicher, der Moskauer Block ist ein Koloß auf tönernen Füßen. Aber: Wissen die das selber, bevor das Monstrum zerbricht? Was täten sie vorher? Und was ist die Europäische Gemeinschaft? Und wenn in Ost-Berlin plötzlich ein Dubček aufkäme? Wenn die nächste Generation in Moskau und Peking die Generation der Technokraten wäre und diese mehr das Gemeinsame als das Trennende entdeckten? Wenn die nächste Runde im Nord-Süd-Konflikt nicht allein das Öl ausspielte? Wenn es länger dauerte? Wenn plötzlich einer vor den anderen die Kunst beherrschte, das Wetter durch Menschenhand zu beeinflussen? Und wenn der das anwendete? Wenn aus Zufall plus Ungeschicklichkeit hier die Arbeitslosigkeit für lange Zeit überhand nähme? Wenn etwa zugleich NATO und EG zerbröselten?
Ich habe gelernt, mich nicht auf andere, auch nicht auf die Fehler anderer zu verlassen. Sicherer ist, es selber besser zu machen.

An den Universitäten Europas wird überwiegend wieder studiert. Demonstrationen und Krawalle nehmen ab. Ge-

walt findet kaum noch Verständnis. Terroristen sind zunehmend isoliert. Politiker tragen nur noch selten ihre Gesundheit und ihre Haut zu Markte, wenn sie ihren öffentlichen Pflichten nachgehen. Das letzte faule Ei flog vor zwei Jahren auf mich, die letzte Tomate vor drei Jahren, der letzte Farbbeutel vor fünf Jahren.
1968 wäre Frankreich beinahe durch eine Revolte verändert worden. Wir hatten die Osterunruhen, die Notstandshysterie und die APO.
Heute ist das vorbei.
Aber Vorsicht! Manches schlummert nur! Einige treffen sich im Keller, fühlen sich bevormundet, ballen die Faust in der Tasche ob der Ungerechtigkeiten, des »Leistungsdrukkes«, der zementierten Undurchlässigkeit der Gesellschaft; wegen der nebelhaften Undurchsichtigkeit politischer Vorgänge; aufgrund von Jugendarbeitslosigkeit und fehlenden Lehrlings- und Studienplätzen; weil ihnen diese Gesellschaft zu oft als eine sie abwehrende, sie ausschließende, sie bewußt überfordernde Gesellschaft anderer erscheint, als eine Gesellschaft, die ihre Türen vor Neuen und Neuem verschließt. Alte Gehirne schüren das. – Andere fühlen sich unter Niveau regiert; vermissen Qualität und Sauberkeit; sehen nur noch Affären und setzen ihre Hoffnung auf eine »Neue Ordnung«.
Führung, Autorität und Vertrauen sind in der Demokratie durch nichts zu ersetzen. Wo sie ausbleiben, wird der Ruf nach anderen Autoritäten, nach Radikalismus, nach prinzipieller Veränderung laut. Wir haben es doch erfahren, daß Ordnungen wanken, die eben noch festgefügt schienen; daß eine neue Zeit Signale voraussendet, ohne daß alle sie wahrnehmen; daß Konturen einer neuen Wirklichkeit auch gegen Zeitgeist und Mode entstehen.
Für das wache Bewußtsein ist so manches zu spüren – wie

in der ersten Hälfte der sechziger Jahre. Nichts wiederholt sich. Aber Unruhe, Unrast, Unbehagen sind da – und neue Sehnsucht. Der Vulkan lebt; er bricht nur nicht aus!

Wo sich die Technik so rasend ändert, wo die Informationen sich bündeln, wo die Werbung täglich Neues bringt, wo die Integration der Menschheit begonnen hat – da ist kein Platz für eine feiste Politik, die auf bequemen Polstern selbstgefällig dahinschläft und wähnt, die beste aller möglichen Welten schon geschaffen zu haben.

Wer bewahren will, was lohnt, muß beständig erneuern und ersetzen und verbessern, was abständig ist. Andere ziehen ihre Bahn. Unterwegs sein! Nicht dem Beharren, sondern dem Fortschreiten Priorität geben; das erreichte Gute durch das mögliche Bessere selbst in Frage stellen; offen sein für das Neue; es selber suchen und bewirken! Auf Autorität nicht klopfen, weil sie dem Posten und der Position – als Vater, als Minister, als Lehrer – zukommt, sondern sie gewinnen! Autorität gewinnen durch Überzeugen; durch die Art, wie sie ausgeübt, wozu sie eingesetzt wird!

Die Zeit, in der militärische Stärke plus wirtschaftliche Kapazität allein den Rang der Nationen bestimmten, ist dahin. Großmächte, die sich allein darauf stützen, werden leicht zu ohnmächtigen Duldern der Handlungen entschlossener Kleinstaaten. Immer mehr werden Gedankenfreiheit, werden Arbeitskraft plus soziale Gerechtigkeit plus Bildung und Wissenschaft plus Kreativität und wirtschaftliche Dynamik zu den entscheidenden Faktoren für den Rang einer Nation.

»Freiheit, Informationen zu erhalten und zu verbreiten, Freiheit zu offenherziger und furchtloser Debatte und Freiheit vom Druck durch Obrigkeit und Vorurteile. Nur die so gewonnene Denkfreiheit bietet die Garantie gegen die Infektion der Menschen durch Massenlegenden, die in der Hand verlogener Heuchler und Demagogen zu blutiger Diktatur werden können. Gedankenfreiheit ist die einzige Garantie für die Tauglichkeit eines wissenschaftlich-demokratischen Zugangs zu Politik, Wirtschaft und Kultur«, sagt Sacharow. Man kann es nicht besser ausdrücken – und nicht glaubhafter leben.

Noch ist die Wirklichkeit anders. Weil sie anders ist, leben wir mit den schrecklichen Tatsachen des Hungers, der Gewalt, der Ungerechtigkeit, der Armut, der Unwissenheit. Dabei ist diese Erde so reich und der Mensch so begabt, daß Frieden durch das Freisein von Knechtschaft und Not überall möglich wäre!

Das sind Herausforderungen an uns. Pflichten! In unserer Welt ist jeder jedermanns Nachbar geworden. Wen das nicht erregt, der hat weder Herz noch Verstand. Wer den Boden dieser Herausforderungen nicht pflügen und neu säen, nicht ändern will, wird im Sand seines vorgestrigen Provinzialismus vertrocknen.

»Frieden ist die Rücksicht auf das Recht des anderen«, sagt Benito Juarez. Fragen wir nicht, was die Welt, was andere für uns tun können – oder müßten. Tun wir für andere, was immer wir können! Es wird auch vergolten – irgendwann; vielleicht den Enkeln.

Je mehr die äußere Sicherheit – durch nahezu vollkommenen Umgang mit der wechselseitigen Abschreckung, durch Stabilisierung des Nicht-Krieges – zur Gewohnheit wird, je deutlicher die Grenzen militärischer, vor allem atomarer Macht werden, desto bestimmender wird für die Zukunft die gesellschaftspolitische Ordnung!

Nur die soziale Wirklichkeit der Menschenrechte für alle und die Fähigkeit, freizügig alle Informationen erhalten und werten zu können, sichert den freiheitlichen Rechtsstaat gegen die stets vorhandenen Gefahren linker oder rechter Diktatur.

Militärische Vorsorge und antikommunistische Haltung genügen auf die Dauer immer weniger. Das »Anti« ist doch – recht verstanden – nur ein Akzent, eine Konsequenz, ja ein Abfallprodukt des »Pro«. Unsere Chance liegt nicht so sehr in der Verteidigung des Überlieferten, in der Abwehr des Negativen – es muß vielmehr von dem, was wir tun, was wir denken, was wir planen und wie wir argumentieren, das Überlegene und damit eine Kraft der Werbung ausgehen!

Ob wir es wollen oder nicht: Der Wettbewerb der Systeme, also zwischen Kommunismus und Freiheit, der Wettbewerb um die bessere Gesellschaftspolitik, findet statt – nicht irgendwo, nicht irgendwann; immer, jetzt, bei uns.

Die Zukunft liegt bei denen, die keinen Ballast von Ideologien mit sich herumschleppen. Freiheit und soziale Gerechtigkeit sind menschliche Wünsche, Werte und Wahrheiten; keine Ideologien! Wer Freiheit durch soziale Gerechtigkeit verwirklichen will, der hat die Konsequenz der Gleichheit vollzogen! Die Zukunft liegt in der Unbekümmertheit der Gedanken und der unbeirrbaren Stetigkeit der Handelnden.

Wir, die Deutschen, von der Geschichte gezeichnet, von der Gegenwart gefordert, sollten aller Welt durch Werke des Friedens und als Anwälte des Humanen dienen. Hier ist unser Platz – nicht in der Loge, sondern vorn bei den Handelnden selbst! Wir müssen den Übergang vom Nicht-Krieg, den wir haben, zum Frieden, den wir suchen, schrittweise suchen, finden, weisen, gehen! Wenn es wahr ist, daß die moderne Biologie und Chemie die atomare Macht eingeholt haben – wo sind die deutschen Initiativen, um das in den Griff internationaler Kontrolle zu bekommen? Wenn es wahr ist, daß Fortschritt und Wachstum nur diesseits der ökologischen Grenzen richtig sind – was tun wir, dem zu entsprechen; was, die Grenze selbst zu verändern? Wenn es wahr ist, was wir hören über Millionen Verhungernde pro Jahr, über Not, Krankheit, Unwissenheit in vielen Bereichen unserer Welt – wo ist unsere Weltinnenpolitik? Hier warten soziale Dienste und Werke des Friedens auf unsere Leistung!

Wer heute noch vergangenen Gefechten nachtrauert, die er verloren, oder sich derer rühmt, die er gewonnen hat, verschwendet durch Beckmesserei und Selbstbefriedigung im Schmollwinkel die Kraft, die wir morgen – für uns und für andere – brauchen.

Folgen wir nicht den Verzagten, den neunmalklugen Hasenherzen! Öffnen wir uns, mehr noch: entschließen wir uns – für die Kühnheit des Friedens!

Nicht der Rechenstift regiert die Welt. Der Geist fordert heraus: Die Idee fasziniert; Haltung steckt an!

Wir wollen nicht Macht, sondern Sicherheit. Wir drängen nicht zu atomarem Rang. Wir sind für die Maßstäbe von heute ein kleines Volk. Wir haben aus der Geschichte gelernt. Wir suchen unser Wohl und unsere Zukunft nicht gegen andere, sondern mit ihnen. Unser Bekenntnis zu den Menschenrechten ist endgültig wie unsere Entscheidung für den Westen.

Ebenso endgültig ist, daß wir Deutsche bleiben; daß wir zu unserer ganzen Geschichte stehen; daß diese Geschichte mehr hergibt als zwölf böse Jahre; daß sie auch künftig die Deutschen in Ost und West umfaßt.

Wir sind auf dem Weg in eine neue Wirklichkeit. Die Welt wird sich weiter gewöhnen an eine stabile, menschliche Demokratie in Deutschland. Sie wird unser Land, sie wird unser Volk, sie wird die Deutschen achten. Sie wird sehen, daß wir, daß auch wir bedeutsam sind für die Menschheit. Und die Deutschen werden zu sich selbst finden. Das Pendel wird sich einspielen zwischen Übermut und Ohnmacht, zwischen Anklage und Verstehen, zwischen Gemeinschaft und einzelnem, zwischen Hochmütigkeit und Selbstachtung. So werden die Deutschen einander wie anderen begegnen: zuversichtlich, selbstverständlich und mit einem Selbstbewußtsein, das sich nicht gegen andere richtet, sondern das orientiert ist am Miteinander.

*

Vier Erfahrungen will ich noch mitteilen.
Die erste:
Ich habe einmal, 1967 auf dem Parteitag in Braunschweig, öffentlich den Seufzer getan, daß ich den »Formelkram der Tageskompromisse« leid sei; dieser könne weder den politischen Gehalt ersetzen noch die Ziele geben, noch ...
Das war verständlich, aber unpolitisch. Politik lebt auch im »Formelkram der Tageskompromisse«. Sie darf nur nicht diese hektische Macherei schon für sinngerechte Arbeit, gar für den Inhalt des Ganzen halten.
Wenn der Inhalt aber Gestalt, wenn die Idee Wirklichkeit werden soll, so gibt es nur einen Weg: Werktagsarbeit für Sonntagsreden; Werkeln für Konzeptionen; Straßenwechsel auf dem Weg zum Ziel. Nur – es muß immer deutlich sein: Kompromiß, warum? Opfer, wofür? Anstrengung, wozu?
Geistige Führung ist unerläßlich – für die Regierten wie für die Regierenden.
Zeigt die Ziele, während ihr die Schritte geht!

Die zweite:
Wenn Politikern kein Argument mehr für die Begründung ihrer Meinung und ihrer Absicht einfällt, nehmen sie gerne

zur großen Phrase Zuflucht: Zu dieser Politik gäbe es keine Alternative! So ähnlich posieren sie dann gerne und lautstark – und werden dafür oft zu sehr bejubelt.
Wer soll das glauben – wo es doch offenkundig unwahr ist? Es gibt immer eine »Alternative«: Zum Leben den Tod; zur Gesundheit die Krankheit; zu klug dumm; zu gut besser oder schlechter; zu gefährlich sicher oder tödlich; zu heute morgen. Vorsicht vor den Verkündern von Einbahnstraßen! Vor Politikern, die nur Wege in Sackgassen weisen, die nicht neben dem Entweder-Oder – notfalls – das Sowohl-Als-auch kennen – vor solchen Leuten heißt es: Achtung! Lebensgefahr! (Und meist sind die gar nicht mehr da, wenn du dir dann am Ende der Sackgasse gläubig den Kopf einrennst, weil du auf diese Weise durch die Mauer willst ...)
Sagen wir es schlichter: Es gibt oft keine bessere Alternative. Dann heißt der ehrliche Appell nicht: so und nicht anders, sondern: so, sonst wird es schlechter; so, dann wird es gut.
Vergeßt das Verweilen und die kleinen Umwege nicht! Versteht und verzeiht sie. Zwar sind sie nicht für die Politiker gut, wohl aber für alle anderen.

Die dritte:
Vielen Europäern, Berlinern besonders, erscheinen die zwanziger Jahre heute als goldenes Zeitalter: »The golden twenties« – so schwärmen, träumen und summen sie vor sich hin. Es muß sehr schön gewesen sein. Aber: Wissen auch alle, die da so sinnieren, falls sie es nicht im Rausch ertränken oder im Bewußtsein verdrängen, daß in diesem »goldenen« Jahrzehnt die furchtbare Wirklichkeit der vierziger Jahre entstand?
So fragt heute mancher und denkt weiter: Ob wohl nicht in den – rückschauend betrachtet – »goldenen sechziger Jah-

ren« der Grundstein für schreckliche Ereignisse der achtziger Jahre gelegt sein könnte?
Es könnte so sein. Es muß nicht. Wir haben manches versäumt. Wir haben aber auch gelernt. Es ist nicht zu spät, es besser zu machen. Geschichte wiederholt sich nicht. Vergeßt nur nicht, es rechtzeitig besser zu machen!

Die letzte:
Nikita Chruschtschow, erster Sekretär der Kommunistischen Partei der Sowjetunion, besuchte im Juli 1960 Österreich. Man zeigte ihm auch das neue Kraftwerk Kaprun in den Hohen Tauern. Der Gast aus Moskau war tief beeindruckt. Er wolle es noch erleben, erklärte er, daß auch dort die rote Fahne wehe.
Chruschtschow ist tot.
Über Kaprun weht immer noch keine Fahne. Keine rote und keine andere. Nur die Luft der Freiheit. Und darüber wölbt sich der Himmel.
Es kann so bleiben.